초보자도
쉽게 배우는
채권
실무

최흥식(3S컨설팅 대표) 지음

중앙경제평론사

머리말

어느 기업이든 기업을 경영하기 위해서는 자금이 듭니다. 자금은 인체의 혈액과 같은 역할을 하며, 자금이 없다면 기업은 하루도 영위할 수 없습니다. 따라서 기업이 정상적으로 운영되고 성장하려면 채권을 적절한 시기에 잘 회수하는 것이 무엇보다도 중요합니다.

채권 관리와 회수에 대해 교육하면서 많은 영업 사원과 채권 관리 실무자에게서 실무에 바로 적용하여 활용할 수 있는 실무 지침서가 필요하다는 이야기를 많이 들었습니다.

이 책은 일선에서 실무를 다룬 경험과 20년간 강의하면서 만난 영업 사원, 채권 관리 및 법무 실무자들의 의견을 수렴하여 바로 실무에 적용할 수 있도록 한 실무 지침서입니다. 기업에 근무하는 영업, 채권 관리, 법무 실무자 그리고 자영업자에게 도움을 줄 수 있도록 노력했습니다.

채권 관리와 회수 업무에는 법률적인 내용이 많은 부분을 차지하고 있어서 다소 어렵게 느껴질 수도 있지만, 복잡하고 어려운 법률에 관한 내용은 가능한 한 이해하기 쉽게 쓰려고 노력하였습니다.

이 책의 내용은 크게 채권 사고를 사전에 예방하는 방법, 연체될 때의 대처 방법, 채권 사고가 발생했을 때의 법적 조치로 나눌 수 있습니다.

사전에 예방하는 관리 방법으로는 신용조사, 계약, 담보, 어음, 전자 결제, 계수 관리가 있습니다. 연체될 때의 대처 방법으로 회수 기법, 임의 회수, 일반 채권 보전을 설명했습니다. 채권 사고가 발생했을 때의 법적 조치 방법 중에는 가압류, 집행권원 획득(민사소송 등), 강제집행, 기업회생, 대손처리에 대해 다루었습니다.

이 책은 채권 관리와 회수 전반에 대해 실무에 바로 적용할 수 있도록 일목요연하게 작성하였습니다. 인터넷에서 전자적으로 취할 수 있는 법적 조치 등의 방법에 대해서도 다루었습니다.

이 책을 통해 채권 관리와 회수, 그에 관한 법적 조치 업무가 어렵지 않으며 누구나 쉽게 접근할 수 있음을 알고 실무에 임하기를 바랍니다. 처음부터 끝까지 차분히 책을 읽고 그대로 실무에 적용한다면 별 어려움 없이 성공적으로 업무를 할 수 있을 것이라 믿습니다.

　부디 이 책이 좋은 길잡이가 되어 업무 능력이 한 단계 발전하는 계기가 되길 바라며, 바람직하고 건전한 신용거래가 이루어질 날을 기대해봅니다.

　이 책이 나오기까지 도움을 주신 중앙경제평론사의 김용주 사장님과 수고해주신 모든 직원 여러분들에게 깊이 감사드립니다.

최흥식

차례

3장 담보 설정과 관리

4장 약속어음·전자결제 관리

8장 가압류 신청 및 절차

9장 민사소송 실무

지급명령과 민사조정

 ## 강제집행 실무

기업회생 절차에서의 채권 행사

 대손 처리 · 대손 세액 공제

1장

거래처 신용조사와 평가

1 │ 신용정보서비스를 활용한 신용조사

신용정보회사에서 제공해주는 신용조회서비스를 통해 거래처의 신용을 파악해볼 수 있다.

1) 사업자에 대한 신용정보

- 한국평가데이터의 CRETOP
- NICE 평가정보의 KIS LINE
- NICE 디앤비의 CREPORT
- 이크레더블의 WIDUSPOOL

2) 개인 신용정보

- KCB의 All Credit(oacis.co.kr)

• NICE 평가정보의 Nice Credit

3) 신용정보서비스에서 조회 및 활용할 수 있는 내용

• 거래처의 현금흐름표 등급과 신용등급(모형등급)을 알 수 있다.

• 기래치의 금융기관 연체 정보, 채무 불이행자 발생 정보, 휴폐
  업 정보 등 조기 경보 시스템 서비스를 받을 수 있다.

• 3개월 이상 연체한 채무자에 대해 채무 불이행자로 등재할 수
  있다.

• 법인 등기부등본과 부동산 등기부등본의 권리변동 사항을 알
  수 있다(realtop 등).

2 | 거래처 재무 분석을 통한 신용평가

1) 재무제표 이해하기

재무제표를 바탕으로 한 재무 분석을 통해 신용을 평가할 수 있다.
재무제표에는 재무상태표, 손익계산서, 자본변동표, 현금흐름표,
주석이 있는데, 거래처 신용평가를 위한 재무 분석에는 재무상태표
와 손익계산서가 주로 이용된다. 재무제표는 거래처에서 직접 구할
수도 있고, 직접 구하기 곤란한 경우에는 금융감독원 – 전자공시시
스템(DART)을 이용하면 쉽게 구할 수 있다.

❶ 재무상태표

재무상태표는 일정 시점의 기업의 재무 상태를 나타낸 것으로, 기
업의 재무 구조와 자본 구조에 대한 정보와 함께 기업의 유동성 및
안정성에 대한 정보를 제공한다.

재무상태표

자 산	부 채
Ⅰ. 유동자산	Ⅰ. 유동부채
(1) 당좌자산	Ⅱ. 비유동부채
(2) 재고자산	
Ⅱ. 비유동자산	자 본
(1) 투자자산	Ⅰ. 자본금
(2) 유형자산	Ⅱ. 자본잉여금
(3) 무형자산	Ⅲ. 자본조정
(4) 기타 비유동자산	Ⅳ. 기타 포괄손익누계액
	Ⅴ. 이익잉여금
자산총계	부채와 자본총계

재무 분석을 위해 필요한 재무상태표의 주요 용어는 다음과 같다.

유동자산

1년(또는 정상적인 영업 주기) 이내에 현금화가 가능한 자산을 말한다. 유동자산으로는 1년 이내에 판매되거나 사용되는 재고자산과, 1년 이내에 거의 확실하게 현금화될 자산으로 당좌자산이 있다. 당좌자산에는 현금 및 현금성 자산, 단기투자자산, 매출채권, 대여금, 선급비용 등이 있다.

비유동자산

1년(또는 정상적인 영업 주기) 이후에나 현금화할 자산을 말한다. 비유동자산은 투자자산, 유형자산, 무형자산, 기타 비유동자산으로 구분된다. 유형자산으로는 토지, 건물, 기계장치, 차량 운반구, 사무용 비품 등이 있다.

유동부채

1년(정상적인 영업 주기) 이내에 갚아야 하는 단기부채를 처리하는 계정이다. 여기에 해당하는 계정으로는 단기차입금, 매입채무, 선수금 등이 있다.

비유동부채

기업의 채무 중 1년(정상적인 영업 주기) 이후에나 변제 기일이 도래하는 장기성 부채를 처리하는 계정이다. 여기에 해당하는 계정으로는 사채, 장기차입금, 퇴직급여충당부채 등이 있다.

차입금

기업이 금융기관 등에서 빌린 돈으로 단기차입금, 장기차입금, 사채 등이 있다.

부채와 자본총계

부채는 기업이 갚아야 할 의무가 있는 차입금, 매입채무 등을 말하는데, 이를 타인자본이라고도 한다. 자본을 자기자본이라고 하고, 타인자본과 자기자본을 합하여 총자본이라고 한다. 부채와 자본총계는 자산총계와 같고, 자산총계를 총자산이라고도 한다. 따라서 '부채와 자본총계 = 자산총계 = 총자산 = 총

거래처 신용조사와 평가

자본'이 된다.

자본

자본은 자산에서 부채를 뺀 것으로, 실제적인 회사의 재산이다. 그래서 이를 순자산이라고 하기도 한다. 위에서 설명하였듯이 자본은 자기자본이라고 한다. 따라서 '자본 = 순자산 = 자기자본'이 된다.

❷ 손익계산서

손익계산서는 일정 기간(보통은 1년)에 걸친 기업의 경영 성과를 나타낸 것으로, 기업이 경영 활동을 통해 그 회계연도에 어느 정도의 이익을 냈는지에 대한 정보를 제공한다. 즉, 수익성·성장성에 관한 정보다. 다음의 손익계산서는 중단 사업 손익이 없는 것으로 작성된 것이다.

재무 분석을 위해 손익계산서의 내용을 간략히 정리하면 다음과 같다.

- 매출액은 제품, 상품, 용역을 판매한 금액이다. 매출액은 그 내용에 따라 상품매출액, 제품매출액, 용역매출액, 수출매출액으로 나누어 기록한다.

  매출원가는 매출액에 대응하여 발생하는 비용을 말한다. 매출

손익계산서

Ⅰ. 매출액
Ⅱ. 매출원가
Ⅲ. 매출 총이익
Ⅳ. 판매비와 관리비
Ⅴ. 영업이익
Ⅵ. 영업 외 이익
Ⅶ. 영업 외 손실
Ⅷ. 법인세 비용 차감 전 순이익
Ⅸ. 법인세 비용
Ⅹ. 법인세 비용 차감 후 순이익

한 상품을 매입하는 데 들어간 비용이 상품 매출원가이며, 매출한 제품을 생산하는 데 들어간 비용이 제품매출원가다.

매출액에서 매출원가를 차감한 금액이 매출 총이익이 된다.

• 판매비는 상품이나 제품의 판매를 위해 발생하는 접대비, 운반비, 광고선전비 등의 비용이다.

관리비는 기업의 유지, 관리를 위해 발생하는 임차료, 소모품비, 도서인쇄비 등의 비용이다.

매출 총이익에서 판매비와 관리비를 차감하면 영업이익이 된다.

• 영업 외 수익은 제품이나 상품의 판매와 같은 주된 영업활동이 아닌 영업 외적인 부수적 활동으로 얻어지는 수익을 말한다. 이

자 수익, 외환차익, 유형자산 처분 이익 등이 있다.

영업 외 비용은 제품이나 상품의 판매와 같은 주된 영업활동이 아닌 영업 외적인 부수적 활동으로 인해 발생한 비용을 말한다. 이자 비용, 외환차손, 유형자산 처분 손실 등이 있다.

영업이익에 영업 외 수익을 더하고 영업 외 비용을 차감하면 법인세비용 차감 전 순이익이 된다.

• 법인세비용 차감 전 순이익에서 법인세 비용을 차감하면 당기 순이익이 된다.

2) 거래처 재무신용평가

재무 분석을 통한 거래처의 신용평가는 거래처의 재무비율을 동종 업종의 산업 평균 재무비율과 비교하여 평가한다.

❶ 재무비율 계산

이 책에서는 금융기관에서 기업을 평가할 때 활용하는 재무비율을 정리해놓았는데, 일반 기업에서 거래처를 평가할 때는 이 중 5~10개 정도를 발췌하여 평가해도 된다.

- 유동비율 = $\dfrac{\text{유동자산}}{\text{유동부채}} \times 100$

- 당좌비율 = $\dfrac{\text{당좌자산}}{\text{유동부채}} \times 100$

- 자기자본비율 = $\dfrac{\text{자기자본}}{\text{총자본}} \times 100$

- 비유동장기적합률 = $\dfrac{\text{비유동자산}}{(\text{자기자본} + \text{비유동부채})} \times 100$

- 차입금의존도 = $\dfrac{\text{차입금}}{\text{총자본}} \times 100$

- 매출액영업이익률 = $\dfrac{\text{영업이익}}{\text{매출액}} \times 100$

- 매출액세전순이익률 = $\dfrac{\text{세전순이익}}{\text{매출액}} \times 100$

- 총자본영업이익률 = $\dfrac{\text{영업이익}}{(\text{기초총자본} + \text{기말총자본})/2} \times 100$

- 총자본순이익률 = $\dfrac{\text{순이익}}{(\text{기초총자본} + \text{기말총자본})/2} \times 100$

- 총자본투자효율 = $\dfrac{\text{부가가치}}{(\text{기초총자본} + \text{기말총자본})/2} \times 100$

- 부가가치율 = $\dfrac{\text{부가가치}}{\text{매출액}} \times 100$

  부가가치 = 영업잉여 + 인건비 + 감가상각비 + 금융비용 + 조세공과
  (영업잉여 = 영업 손익 + 대손상각 − 금융비용)

- 총자본 회전율 = $\dfrac{\text{매출액}}{(\text{기초총자본} + \text{기말총자본})/2}$

- 매출채권 회전율 = $\dfrac{\text{매출액}}{(\text{기초매출채권} + \text{기말매출채권})/2}$

- 매출액 증가율 = $(\dfrac{\text{당기매출액}}{\text{전기매출액}} - 1) \times 100$

- 총자본증가율 = $(\dfrac{\text{당기총자본}}{\text{전기총자본}} - 1) \times 100$

❷ 지수법에 의한 평가 방법

여기에서는 경영 분석 이론의 지수법에 의한 평가 방법을 실무 현실에 맞게 응용하여 제시하였다.

- 재무 신용평가를 위해서는 우선 평가할 재무비율의 항목과 중요도에 따라 가중치를 정한다.
- 그런 다음 재무비율을 산정하고, 한국은행 홈페이지 등을 통해 동종 업계 산업 평균비율을 구하여 기재한다.
- 관계비율은 재무비율 중 높을수록 좋은 비율의 경우에는 (거래처 재무비율/산업 평균비율)이 되고, 낮을수록 좋은 비율의 경우에는 (산업 평균비율/거래처의 재무비율)이 된다.
- 관계비율이 산정되면 (관계비율×0.7(조정계수))로 조정관계비율을 구한다. 그리고 조정관계비율이 120 이상이면 120으로 한다.
- 평점은 (가중치×조정관계비율)이 되는데, 이때 조정관계비율은 소수로 바꾸어 곱해야 한다.

❸ 평가 사례

재무신용평가표((주)그린)

구분	평가 항목	가중치 (A)	(주)그린 (B)	산업 평균 (C)	관계비율 (D)	조정관계 비율(E)	평점 (E)×(A)
유동성	유동비율	6	82.3	96.9	84.9	59.4	3.6
	당좌비율	10	67.2	70.5	95.3	66.7	6.7
안정성	자기자본비율	10	30.5	42.8	71.3	49.9	5.0
	비유동장기적합률	8	63.2	101.7	160.9	112.6	9.0
	차입금의존도	6	40.3	37.3	92.6	64.8	3.9
수익성	매출액영업이익률	5	10.2	10.7	95.3	66.7	3.3
	매출액세전순이익률	6	4.9	5.8	84.5	59.2	3.6
	총자본영업이익률	5	4.3	5.0	86.0	60.2	3.0
	총자본순이익률	10	5.3	5.1	103.9	72.7	7.3
생산성	총자본투자효율	5	24.5	22.1	110.9	77.6	3.9
	부가가치율	6	28.2	25.4	111.0	77.7	4.7
활동성	총자본회전율	6	1.5	0.9	166.7	116.7	7.0
	매출채권회전율	6	7.3	6.4	114.1	79.9	4.8
성장성	매출액증가율	6	5.3	4.9	108.2	75.7	4.5
	총자본증가율	5	0.9	1.2	75.0	52.5	2.6
합계		100					72.9

※ (주)그린의 경우는 평점이 조정계수와 유사한 72.9로, 신용은 중간 정도라고 볼 수 있다. 평점 70을 보통(중간)으로 삼아, 평점이 70보다 어느 정도 높고 낮은지에 따라 신용을 평가할 수 있다.

평가 자료를 얻을 수 있는 사이트

- 재무제표 : 금융감독원 〉 전자공시시스템(DART)
- 산업 평균 재무비율 : 한국은행 〉 경제통계시스템(ECOS) 〉 기업경영분석

3 | 비재무적 요인에 대한 신용조사

사례

(주)판매의 거래처와 (주)구매는 3년 정도 거래해오고 있었다. 작년 3월 (주)구매에 대한 매출액이 평상시보다 급격히 늘었고, (주)판매에서는 (주)구매를 주요 거래처로 분류했다.

이즈음 (주)판매의 영업 사원인 오팔구가 거래처인 정도상사를 방문하였는데, 이때 정도상사의 사장이 지나가는 말로 (주)구매에서 덤핑 판매를 하는 것 같다고 이야기했다.

(주)판매의 영업 사원 오팔구는 그다지 신경 쓰지 않고 (주)구매와 거래 관계를 평상시처럼 유지했다. 그로부터 6개월 후인 작년 9월, (주)구매는 부도를 발생시켰고 (주)판매는 6억 5천만 원 상당의 부실채권을 안게 되었다.

이 사례에서 (주)판매의 오팔구가 이러한 부실채권을 방지하려면 어떻게 해야 할까? (주)구매의 구매량이 평상시보다 급격히 증가하고 동종 업체에서 덤핑 판매한다는 소문이 돌았을 때, 또 다른 동종 업체에 (주)구매의 덤핑 판매 소문의 진위를 알아보고 (주)구매를 수시로 방문하여 동향을 파악하는 등 적절한 조치를 취했다면 부실채권을 예방할 수 있었을 것이다.

사례에서 보듯, 현재 우리의 기업 환경이나 거래의 형태로 볼 때 실무적으로 재무적 요인의 신용조사보다는 비재무적 요인의 신용조사가 실무적으로 더 유용한 경우가 많다.

1) 기업체 개요 조사

법인등기부등본, 부동산등기부등본, 사업자 등록증, 거래처의 홈페이지 등을 근거로 회사의 전반적인 현황을 조사한다.

주로 조사하는 내용은 소재지, 연락처, 설립 일자, 기업 규모, 업종 및 업태, 주요 매출 품목, 주거래은행 등이다.

이때 업종이 사양산업인지 성장산업인지, 그리고 기업 규모는 동종업계에서 어느 정도의 위치를 차지하고 있는지 등을 파악할 수 있다.

2) 사업 이력 조사

법인등기부등본, 사업자 등록증 등을 근거로 조사한다.

어느 거래처든 그 업종에서 사업 이력이 짧다면 아직은 신용이 검증되지 않았다고 보아야 한다. 그 업종에서 사업 이력이 길수록 인정된 기업으로 보며, 시업 이력이 7년 이상이면 비교적 신용 상태가 양호한 거래처로 본다.

3) 사업장 조사

사업장이 자가인지 임차인지 파악해야 한다. 사업장이 자가인 경우는 기업이 비교적 안정적이라고 볼 수 있기 때문이다.

생산·판매 시설 규모와 청결성을 파악한다. 생산·판매 시설이 잘 갖춰져 있고 정리 정돈이 잘되어 있는 등 청결한 기업이 비교적 안정적이며, 품질 수준도 높고 성장성·수익성도 높은 기업이다.

필자는 일반 기업의 사무실을 방문할 때 습관적으로 게시판, 책상과 책상 위의 컴퓨터·프린터·파일의 정돈 상태, 책꽂이에 꽂혀 있는 책의 종류와 발행 연도 등을 본다. 게시판에 게시된 내용이 발전적이고, 책상과 컴퓨터·프린터가 몇 년 되어 보이는 것뿐 아니라 얼마 전에 새로 산 듯 보이는 것이 있고, 파일도 오래된 것과 최근에 새로 정리한 파일이 같이 있고, 예전에 산 것과 최근에 산 책이 같이 있다면, 이러한 회사는 신용이 좋은 회사로 본다. 이러한 회사는 그만큼 사업 이력도 있고 재투자를 잘하고 있는 회사이기 때문이다.

생산·판매 시설도 수년 전에 설치한 시설과 더불어 최근에 설치한 시설도 있다면 그 회사는 신용이 비교적 좋은 회사라고 볼 수 있다.

사업장의 입지 조건이 좋을수록 비교적 신용이 좋은 기업으로 본다. 사업장의 가치도 높고 재무 상황이 양호한 업체이기 때문에 입지 조건이 좋은 사업장을 차지할 수 있는 것이며, 사업을 하는 데도 유리한 입지를 선점하고 있는 것이기 때문이다.

4) 경영자 조사

비재무적 요인의 조사 중에서도 가장 중요한 것이 경영자에 대한 조사다.

실제 경영자와 명의상의 경영자가 같은가를 조사한다. 중소규모의 거래처의 경우에 실제 경영은 소유자가 하면서 명의만 배우자나 친인척의 명의로 하는 등 타인의 명의로 하는 경우가 있는데, 이렇게 운영되는 거래처는 신용에 문제가 있을 가능성이 크다.

경영자의 주요 경력을 조사하여 보아야 한다. 대표자가 동 업계에서 오랜 경력을 가지고 있다면 경영 능력도 있고 신용도 비교적 좋다고 본다.

경영자에 대한 동종 업계 및 주위의 평판은 신용조사의 중요한 요소로 꼭 파악해보아야 한다. 거래처 경영자에 대한 정보를 가장 많이 알고 있는 사람은 거래처의 종업원과 동종 업계 경영자나 근무자들이므로 이들을 통해 경영자의 평판을 파악한다.

경영자의 과거 부도 경력, 건강 상태 등도 조사해야 한다.

5) 영업 현황 조사

거래처의 매출액과 손익 추이 등 영업 현황에 대해 알아본다. 매출액이나 이익이 증가 추세를 보이면 신용이 양호하다고 보고, 감소 추세를 보인다면 사양산업인지 여부를 파악해야 한다.

수주 잔액도 파악해야 한다. 수주 잔액이 크면 단기간 경영이 안정적으로 운영될 것으로 볼 수 있기 때문이다.

6) 주요 거래처 조사

우리 거래처의 주요 거래처가 어느 거래처인지 조사해보아야 한다. 주요 거래처가 우량한 업체라면 우리의 거래처도 신용이 비교적 좋다고 보아야 한다. 그러나 거래처의 주요 거래처들이 신용도가 취약하다면 우리의 거래처도 신용에 문제가 있을 가능성이 있다. 연쇄적으로 부실화를 초래할 가능성이 있기 때문이다.

거래처의 주요 거래처와의 결제 조건도 알아보아야 한다. 이를 통해 거래처 자금 사정이나 현금흐름을 파악해볼 수 있다.

7) 종업원에 대한 조사

종업원의 평균 근속 연수가 동종 업계 이상이면 신용이 좋은 기업으로 본다. 2~3년 이하인 거래처는 신용이 취약한 기업으로 본다. 즉, 사람이 자주 바뀌는 기업은 신용이 좋지 않은 것으로 본다. 종업원들이 회사에 오래 근무하지 못하는 기업은 그만큼 근무 여건이 좋지 않다는 것을 의미하며, 그러한 기업은 조직도 안정화되지 못하여 정상적인 경영이 어려워진다.

4 | 공적 장부의 열람을 통한 신용조사

작년 10월 초 (주)그린의 영업 사원인 김영업은 영업 활동을 하러 나가기 위해 카탈로그 등 자료를 준비 중이었다. 이때 한 통의 전화를 받았다. 이때가 오전 10시경이었다.

상대방은 (주)그린과 거래를 하고 싶다고 했다. 김영업은 영업 활동을 나가기도 전에 거래처를 확보하게 되어 즐거웠다.

이 거래처와 거래를 하게 되었다. 처음에는 대금 결제도 잘되었고, 연말에 상당한 물량을 이 거래처에 매출하였다. 올해 들어서 거래 물량은 더 늘어났고 여신액도 상당한 금액으로 불어났다.

그런데 올해 5월에 이 거래처는 부도를 내었고 (주)그린은 상당한 금액의 부실채권을 발생시켰다.

거래 전에 어떻게 하면 위와 같은 부실을 방지할 수 있었을까?

이런 사례는 실무에서 자주 보게 된다. 그런데 이런 경우에는 부동산등기부등본이나 자동차등록원부를 열람해보면, 거래하자고 전화했을 당시에 이미 부실화 징후가 나타나 있다. 소유권이 얼마 전에 다른 사람 명의로 바뀌었다든지, 가압류, 압류, 가처분 등의 권리관계가 있다든지, 가압류, 근저당권 등의 권리자가 제3금융권이나 개인으로 되어 있는 등 신용 취약 징후가 나타나 있는 것이다.

위의 사례의 경우에도 영업 사원인 김영업이 거래 전에 상대방의 부동산등기부등본, 법인등기부등본, 자동차등록원부 등을 열람하여 상대방의 신용을 파악하였다면 충분히 예방할 수 있었을 것이다.

1) **부동산등기부등본**(부동산 등기사항 전부증명서)**을 열람하라**

부동산등기부등본에 소유자가 모두 회사와 대표자로 되어 있다면 비교적 신용이 좋은 것으로 본다. 그리고 자가 소유든 임차든 간에, 그것이 어떤 물건인지를 파악한다. 사업장이 자가라고 해도 사업장의 평수가 20평이 안 되는 경우와, 사업장이 임차인데 사업장의 평수가 2,000평이 넘는 경우가 있다면, 이때는 사업장 2,000평을 임차하고 있는 경우가 오히려 신용이 좋다고 볼 수도 있다.

또 자가 소유라고 하더라도 부동산등기부등본에 권리관계가 복잡하게 나타나 있는 경우에도 거래처 신용은 좋지 않다고 보아야 한다. 여기서 권리관계는 현재 살아 있는 것뿐 아니라 말소된 관계도 복잡하다면 신용에 문제가 있다고 보아야 한다. 최근 1~2년 내에 부동산등기부등본에 가압류가 반복적으로 등기되었다가 말소된 경우가 발생했다면, 그 거래처의 신용은 문제가 있다고 볼 수 있기 때문이다.

그리고 부동산등기부등본의 권리관계에서 권리자, 즉 가압류의 채권자, 근저당권의 채권자가 제3금융권이나 개인이라면 유동성에 문제가 있는 거래처로 볼 수 있다.

부동산등기부등본은 대한민국법원 인터넷 등기소에서도 열람하거나 발급할 수 있다. 요즈음은 등기사항 전부증명서로 열람하거나 발급한다.

❶ 부동산등기부

부동산등기부는 1필의 토지 또는 1동의 건물을 기준으로 작성되며, 토지등기부와 건물등기부의 두 가지가 있다.

부동산등기부는 등기번호란, 표제부, 갑구 및 을구로 나뉘어 있는데, 표제부에는 표시란과 표시번호란, 갑구와 을구에는 사항란과 순위번호란이 있다.

등기번호란

각 토지 또는 각 건물 대지의 지번을 기재한다.

표제부

부동산의 소재지와 그 내용을 기재한다. 즉, 토지의 경우에는 지번·지목·지적을, 건물의 경우에는 지번·구조·용도·면적 등이 기재된다.

토지의 분할이나 지목의 변경 또는 건물 구조의 변경이나 증축에 의한 면적 변경도 표제부에 기재한다.

아파트 등 집합건물인 경우에는 1동 전체 건물에 대한 표제부와 구분된 1호의 개별 건물에 대한 표제부가 있다.

갑구

소유권에 관한 사항을 기재한다.

소유권에 대한 소유권 변경, 압류, 가압류, 가등기, 경매개시 결정등기(압류), 소유권자의 처분을 금지하는 가처분등기 등이 갑구에 기재된다. 그리고 이러한 권리의 변경, 말소, 회복에 관한 사항이 기재된다.

을구

소유권 이외의 권리인 저당권, 전세권, 지역권, 지상권 등이 기재되며, 이러한 권리관계의 변경 이전이나 말소 사항이 을구에 기재된다.

2) 자동차등록원부 열람도 빼놓지 말자

자동차등록원부도 부동산등기부등본과 마찬가지로 어떤 물건인지, 권리관계 그리고 권리자(채권자)가 누구인지를 가지고 거래처의 신용을 파악한다.

3) 법인등기부등본(법인 등기사항 전부증명서)을 열람하라

법인등기부등본에서는 사업 이력과 자본금 그리고 이사의 변동에 관한 현황을 파악할 수 있다.

요즈음 카드 연체와 신용불량 문제가 언론에 자주 오르내리고 있다. 그런데 카드 연체자는 대부분 카드를 발급받은 지 3년 이내인 경우가 많다. 즉, 카드를 오랫동안 사용한 경우에는 카드가 연체되는 경우가 비교적 적다. 마찬가지로 오랫동안 사업을 한 기업이나 오랫동안 거래한 기업은 비교적 신용이 좋다고 본다.

자본금은 재무상태표뿐만 아니라 법인등기부등본에서도 볼 수 있다. 자본금은 매출액의 1/10 이상이면 건전하다고 본다.

이사의 변동에 관한 사항도 법인등기부등본에서 확인할 수 있는데, 이사 변경이 빈번한 경우 신용에 문제가 발생하는 경우가 많다. 그리고 거래처가 부실화될 때에는 이사나 대표이사가 바뀌는 경우가 많다.

법인등기부등본도 대한민국법원 인터넷 등기소에서도 열람하거나 발급할 수 있는데, 요즈음은 등기사항 전부증명서로 열람하거나 발급한다.

❶ 법인등기부에 기재되는 주요 사항

- 등기번호/등록번호
- 상호/본점/공고 방법
- 1주의 금액/발행할 주식의 총수/발행 주식의 총수와 그 종류 및 각각의 수/자본금의 액
- 목적 : 법인이 할 목적 사업이 나열식으로 기재된다.
- 임원에 관한 사항 : 임원의 취임과 사임 등의 사항이 기재된다.
- 기타 사항 : 합병, 회사 분할, 회사 정리 등의 사항이 기재된다.

공적 장부를 열람할 수 있는 사이트
- 부동산등기부등본, 법인등기부등본 : 대한민국법원 〉인터넷 등기소
- 자동차등록원부 : 정부24

5 | 거래처 신용평가와
ABC 분류

1) 거래처 신용평가

평가 항목	가중치	점수	평점
재무 평점	40		
부동산등기부등본	15		
사업력	5		
사업장의 운영 상태	10		
종업원의 근속 연수	10		
동종 업계의 평판	10		
주요 거래처	10		
합계(종합 평점)	100		

• 거래처의 평가할 항목의 중요도에 따라 가중치를 정한다.

• 점수는 1점에서 5점으로 분류한다.

• 거래처의 재무 평점은 신용정보회사의 신용정보서비스에 나와

있는 평점으로 평가할 수도 있고, 앞에서 다루었던 재무신용평가 방법으로 평가한 거래처의 재무평가 평점으로 평가할 수도 있다. 자체 재무신용평가 평점이 95 이상인 때는 5점, 80~95는 4점, 65~80은 3점, 50~65는 2점, 50 이하는 1점으로 매긴다.

- 부동산등기부등본, 사업 이력, 사업장의 운영 상태, 종업원의 근속 연수, 동종 업계의 평판, 주요 거래처에 대해서는 회사 자체 기준을 정하여 점수를 부여한다. 예를 들어 종업원의 근속 연수는 12년 이상은 5점, 8~12년은 4점, 5~8년은 3점, 3~5년은 2점, 3년 이하는 1점으로 평가할 수 있다.

- 평점은 가중치×점수로 산정한다.

- 평점을 합계하고 종합 평점은 (평점 합계/5)를 하여 산정한다.

- 거래처의 종합 평점은 70을 보통(중간)으로 하여, 평점이 70보다 어느 정도 높고 낮은지에 따라 평가한다.

2) 거래처 분류

거래처는 신용등급, 매출액에 따라 ABC 분류를 하여 관리한다. 일반적으로는 A, B, C, D, E의 5등급으로 나누어 관리한다. 거래처를 이렇게 분류하여 관리해야 뒤에서 다루게 되는 여신한도의 신용한도 등을 체계적으로 운영할 수 있다.

거래처 분류 방법은 신용등급과 매출액으로 분류하는 방법, 신용등급으로 분류하는 방법, 매출액으로 분류하는 방법 등 3가지 방법이 있다. 채권 관리에서는 일반적으로는 신용등급을 가지고 분류하는 방법을 많이 활용한다.

신용등급에 따라 거래처를 분류하는 경우는 신용평가의 종합 평점에 따라 보통 다음과 같이 분류한다.

A등급 : 90점 이상

B등급 : 80~90점

C등급 : 60~80점

D등급 : 40~60점

E등급 : 40점 이하

이러한 거래처 분류는 거래처 관리의 기본이 된다. 거래처 분류가 되지 않으면 제대로 거래처를 관리하기 어렵다. 따라서 기업에서는 거래처를 등급에 따라 분류하여 운영해야 한다.

6 | 부실 거래처
체크리스트

- 신용정보서비스의 신용등급이 낮다.

- 연체 횟수가 늘어나고 있다.

- 금융기관에 연체하고 있거나 소송 중에 있다.

- 사업장과 대표자 거주지 부동산의 소유가 모두 타인 명의다.

- 소유하고 있는 부동산의 권리관계가 복잡하다.

- 소유하고 있는 부동산의 권리자 중에 제3금융권이나 개인이
  있다.

- 금융기관을 자주 변경한다.

- 중소 거래처의 실소유자와 실경영자가 다르다.

- 중소 거래처의 대표자나 경리 담당자가 변경되었다.

- 세금을 체납하고 있다.

- 사업 경력이 미천하다.

- 종업원들이 자주 바뀐다.

- 주위의 평판이 좋지 않다.
- 경영자가 사업보다는 사업 외의 활동에 적극적이다.
- 특별한 사유 없이 주문량이 증가한다.
- 주요 거래처가 바뀌고 거래처 변동이 심하다.
- 사업장이 썰렁하게 느껴지거나 화장실에서 악취가 나는 등 회사 환경이 불량하다.
- 생산설비·판매설비가 부실하게 갖추어져 있다.
- 공장을 축소하거나 급히 부동산을 처분한다.
- 매출채권·차입금·재고자산이 급증하고 있다.
- 재고가 급격히 감소한다.

위의 내용 중 2개 이상 발생하는 거래처는 부실화 징후가 있는 기업으로 본다.

2장

계약 관리

1 | 계약서를 작성해야 하는 이유

계약이란 일방의 청약과 상대방의 승낙이라는 행위만 있으면 성립한다. 즉, 구두로 한 계약도 계약으로 성립하는 것이다. 그러나 구두로 계약하면 향후 분쟁이 발생하였을 때 계약 체결 사실과 내용에 대해 입증하는 데 어려움이 생긴다.

따라서 다음과 같은 이유에서 계약서를 작성하는 게 바람직하다.

- 계약서 작성을 통하여 당사자 간의 입장에 대한 이해를 증진시킨다.
- 계약의 내용, 거래 절차를 명확히 하여 계약의 이행에 있어 분쟁을 최소화하면서 목적을 달성할 수 있다. 매수인이나 매도인이 이행해야 할 계약 내용이 명백해지므로, 계약 이행 중 이견이 생기더라도 그 계약서의 내용에 의하여 책임 한계를 명확히 할 수 있기 때문이다.

- 분쟁을 예방할 수 있으며 후일 법적 분쟁 시 가장 확실한 증거가 된다.
- 구두에 의한 경우는 계약의 전부 또는 일부에 대해 부인하는 경우가 발생할 수 있는데, 계약서가 있으면 계약의 성립과 계약 내용을 명확히 입증할 수 있다.

2 | 계약서 작성 방법

A사는 B사에 설비 공급 계약을 맺고 설비를 인도하게 되었다. 인도 과정에서 B사가 요청한 장소에서 B사의 크레인을 이용하여 하차 중에 사고로 설비가 크게 파손되었다. A사와 B사는 서로 책임을 전가하려고 하며 책임 소재를 규명하려 했으나, 계약서의 인도 조건에 상하차 조건과 장비 준비에 대한 명백한 명기가 없어 책임 소재를 규명하는 데 큰 어려움을 겪었다.

또 거래 관계를 계속해야 하는 경우라면 거래 관계에 문제가 발생할 수도 있다.

이런 경우 A사는 어떻게 해야 했는가?

계약서의 인도 조항에 하차 장비는 누가 제공하는지, 하차 중 발생한 손해는 누가 책임을 지는지 등을 명확히 기재해야 한다.

A사는 B사에 공작기계를 공급하는 계약을 체결하였다.

계약 금액 : 1억 원

계약금 : 계약 금액의 10%

납기 : 2년 전 9월 15일

지체상금 : 지체 일수 1일당 1.5/1,000

A사가 B사에 공급하기로 한 공작기계는 시제품으로 품질 문제가 발생하여 납품을 지연하고 있었고, 마침 B사도 경영 환경의 변화로 납품이 지연되어도 문제가 되지 않는 상황이라 납품 지연을 양해하고 있었다. 그리하여 납기로부터 400여 일 이상 늦은 작년 10월 25일에야 납품이 완료되었다.

잔금 수령이 연체되던 중인 올해 3월 20일 B사에 방문하여 잔금 2천만 원의 변제를 요구하자, 이제야 B사에서는 지체상금이 6천만 원이므로 오히려 A사에서 4천만 원을 배상해야 한다고 주장하고 있다.

이런 경우 A사는 어떻게 해야 하는가? 그리고 지체상금은 얼마를 물어야 하는가?

납기 연기에 B가 동의할 때 계약서를 정정해놓았다면 위와 같은 문제를 예방할 수 있었을 것이다.

물품 공급 계약에 지체상금에 대한 규정을 두는데, 이는 손해배상액의 예정이므로 물품을 공급받는 자는 납품 지연의 경우 그로 인한 실제 손해 발생 사실과 액수를 입증하지 않더라도 약정한 금액을 배상 청구할 수 있으며, 실제 발생한 손해액이 손해배상의 예정액을 초과하더라도 손해배상의 예정액만을 청구할 수 있다.

그 금액이 부당하게 과다한 경우나 채무자에게 책임을 물을 수 없는 사유로 발생한 경우에 지체상금은 감면될 수 있다. 부당하게 과다한 경우란, 채권자와 채무자의 관계, 계약의 목적 및 내용, 지체상금의 예정 동기, 채무액에 대한 지체상금의 비율, 예상 손해액의 크기, 거래 관행 등을 참작할 때 일반 사회관념에 비추어 손해배상의 예정액이 부당하게 과다한 경우를 말한다.

일반적으로 지체상금의 상한은 계약금을 넘지 않는 것이 타당하지 않을까 생각한다.

A사의 입장에서는 그동안의 거래 진행 경위와 계약의 내용 등을 정리하여 지체상금이 감면될 수 있도록 해야 할 것이다.

1) 계약서 작성 시 살펴볼 사항

- 계약서 작성 전에 납기, 규격 등의 거래 조건이 이행 가능한지

를 검토해야 한다.

- 계약서는 정확, 간결, 명료하게 작성해야 한다. 계약서 문구는 법적으로 효과가 발생하면 된다. 오히려 미사여구나 사족을 달았다가 문제가 되는 사례가 많다.

- 계약의 내용이 특정되어야 하며 논리적으로 일관성 있게 작성되어야 한다.

- 계약서 작성 시에는 분쟁의 소지가 있는 사항을 검토하여 작성해야 한다.

- 계약서 작성에 있어 관련 문서 및 계약서 중의 다른 조문을 참조하는 경우에는 참조 관계를 명확히 한다.

- 계약서는 너무 전문적이거나 어려운 말로 작성하기보다는 일반적으로 많이 사용하는 용어로 작성하는 것이 좋다.

2) 계약서 조문 및 작성 방법

계약서에 일반적으로 들어가는 조항과 작성 방법은 다음과 같다.

❶ 계약 전문

거래 상대방의 주소와 상호, 대표자명을 정확히 기재하고, 계약의 목적과 계약으로 이루어질 기본적인 사업 내용을 간략하게 기재한다.

❷ 계약 물품 및 가격

계약 물품의 품명, 규격, 수량, 가격 등을 명확히 표시해야 하며, 계약 물품의 품명, 규격 등이 여러 가지이거나 복잡한 경우에는 별첨으로 한다.

❸ 주문

주문은 납기의 일정 기간 전에 서면에 의하여 발주하도록 한다.

계속적인 거래의 경우에 발주일로부터 일정 기간 이내에 상대방이 승낙 여부를 통지하지 않을 경우에는 승낙한 것으로 본다는 문구를 넣는다.

❹ 인도

인도 장소를 기재하고, 인도할 때에 상하차 장비는 누가 준비할 것인지 명기해야 하며, 장비 사용 중 발생한 사고의 책임 소재를 분명히 해야 한다.

❺ 검수 및 검사

검수 및 검사 방법을 명확히 하며, 특히 인정되는 오차, 공차의 범위를 명확히 한다. 인도일로부터 일정한 기간 내에 검수·검사를 완료하도록 하고 그 기간 내에 검수·검사 결과에 대한 통보가 없으면 검수·검사의 완료 및 합격으로 본다는 내용을 명기한다.

❻ 지체상금

물품의 인도를 지연하는 경우에 지연 일수에 따라 부과되는 지체상금을 정한다. 지체상금은 업종의 특성과 상관례에 따라 정하는데, 보통은 총 계약 금액에 대한 지체 일수에 0.1~0.5%를 곱한 비율로 정하고 있다.

❼ 대금 지급

대금 지급 조건, 변제 기일을 명확히 하고, 대금 지급 연체 시 연체 이자율을 지급하는 것으로 한다. 연체 이자율은 상관례에 맞게 정한다.

❽ 소유권 유보

대금 지급이 완료되기 전까지 물품의 소유권을 매도자(채권자)가 가지고 있도록 할 수 있다.

❾ 하자 보증

하자 보증 기간의 기산점을 명확히 하고, 기간은 동종 업계의 관행과 자사의 판매 정책을 고려하여 정하도록 한다.

하자의 내용에서 사용자의 고의나 과실, 임의로 제3의 수리업자를 통해 보수한 경우, 자연적인 마모나 소모품 등이 제외되도록 한다.

❿ 변제 충당

매수자가 대금 지급 연체 등 계약을 위반하는 경우에는 보증금, 경매 대금으로 매수자 임의로 채무 변제에 충당할 수 있음을 명기한다. 변제 충당의 순위는 민법의 규정에 따른다는 내용도 기재한다.

⓫ 담보

매도자는 언제까지 어떠한 담보를 제공해야 하는지 명기한다.

⓬ 규격, 원자재 가격, 환율의 변경

규격, 원자재 가격, 환율이 변경된 경우에는 상호 협의하여 가격을 변경할 수 있음을 명기한다.

❸ 상표 사용 및 지적 재산권 불침해 보장

매도자가 지시하는 방법대로 상표 등을 사용하도록 하고 계약 제품 외에는 사용하지 못하도록 한다.

❹ 불가항력

전쟁, 천재지변, 노사분규 등 예측할 수 없는 사유 발생으로 인도할 수 없는 경우, 매도자는 인도 책임이 없다는 내용을 명기한다.

❺ 양도 금지

계약 자체나 계약상의 권리·의무를 양도할 수 없도록 하고, 부득이 양도할 때는 사전에 서면 동의를 받도록 한다.

❻ 계약의 해제·해지/기한의 이익 상실 사유

계약을 해제·해지할 수 있는 사유와 기한의 이익 상실 사유를 명기한다.

❼ 상계

매도자와 매수자는 상계할 수 있는 채권을 상계할 수 있음을 명기한다. 상계의 방법도 명기하며, 상계의 방법은 가능한 한 간편한 방법으로 한다.

⓲ 분쟁 해결 및 관할법원

계약의 해석에 관해 이견이 있는 경우에는 당사자 간에 협의하여 해석하는 것으로 명기한다. 분쟁 해결을 위한 관할법원을 명기할 수도 있다.

⓳ 계약 기간

계약 기간은 거래의 특성이나 목적에 따라 적절히 정한다.

대리점, 특약점 계약처럼 계속 거래의 경우에는, 계약이 만료되기 전 일정 기간 안에 해지 통보를 하지 않으면 계약이 자동 연장된다는 내용을 명기할 수도 있다.

⓴ 후문

계약서의 내용대로 계약을 체결한다고 명기하는데, 계약서에 명시되지 않은 사항은 일반 상관례에 따른다는 문구를 기재한다. 계약서 2통을 작성하여 쌍방이 기명날인한 후 각각 1통씩 보관한다는 문구를 넣는다.

㉑ 계약 체결일, 당사자, 기명날인

계약 체결일, 당사자를 기재하고 기명날인한다. 상대방의 신용이 취약한 경우에는 서명날인을 받는 것이 좋다.

지체상금

계약 상대방이 귀책 사유로 정해진 때까지 계약상의 의무를 이행하지 못하고 지연하였을 때, 그 지연에 대해 손해배상처럼 받을 수 있는 금액이다.

기한의 이익 상실 사유

법률 행위(계약 등)를 할 때 변제 기일 등 기한을 정해놓으면 채무자는 그 기일까지 지급하지 않아도 되는데, 이를 기한의 이익이라 한다.

채무자에게 민법에서 정한 기한의 이익 상실 사유나 계약에서 정한 기한의 이익 상실 사유가 발생하면, 채권자는 변제 기일이 되지 않았더라도 채무자에게 채무를 갚으라고 청구할 수 있다.

표준계약서를 다운로드받을 수 있는 사이트

• 공정거래위원회 〉 정보 공개

3) 물품공급계약서의 작성

물품공급계약서는 앞에서 설명한 '계약서 조문 작성 방법'을 참조한다. 물품 공급 계약서를 작성할 때는 다음의 계약서 견본을 참조하여 회사 거래 상황에 맞게 가감하여 활용하면 된다. 회사 상황에 맞게 정리하여 활용하는 것이 무엇보다도 중요하다.

물품공급계약서

매도인 _____(이하 "매도인"이라 칭한다)와 매수인 _____(이하 "매수인"이라 칭한다)는 제1조에 정하는 물품의 매매를 위하여 상호 다음과 같이 합의하고 계약을 체결한다.

제1조 (매매 조건)
1. 품명 및 규격 :
2. 수량 :
3. 금액 :
4. 납품 기일 :
5. 납품 장소, 납품 조건 :
6. 지급 기한 :
7. 지급 방법 :

제2조 (인도 및 장소)
1. 물품 인도 장소는 "매수인"이 지정하는 장소로 한다.
2. "매수인"은 물품 인도받는 즉시 인수증을 발급·교부한다.
3. 하차 등을 위한 장비는 "매수인"이 부담하는 것으로 한다.

제3조 (검사 및 하자 보증)
1. "매수인"은 물품 수령 즉시 검사를 하여야 하며 수량 부족, 물품의 하자나 불량이 있는 때에는 지체함이 없이 "매도인"에게 통지하여야 한다.
2. "매도인"이 인도일로부터 10일 이내에 아무런 통보도 받지 않은 때에는 수량 부족 없이 모두 검사 합격이 된 것으로 본다.
3. 계약 물품에 대한 하자 보증 기간은 인도일로부터 1년으로 한다.

제4조 (대금의 지급)
1. 물품대금은 인도일로부터 7일 이내에 현금으로 지급하는 것을 원칙으로 하며, "매도인"이 인정한 경우에는 결제일 60일 이내의 약속어음이나 전자

결제 방식으로 지급할 수 있다.

2. "매수인"이 대금 지급을 연체한 경우 "매도인"은 지급일자로부터 계산하여 연 8%의 이율에 의한 지연이자를 "매수인"에게 청구할 수 있다.

제5조 (위험 부담)

물품 인도전에 물품이 멸실, 훼손, 도난되었을 경우 그 원인이 "매수인"의 귀책 사유인 경우를 제외하고는 "매도인"이 부담하고, "매수인"이 지정한 장소에 물품을 인도된 후 물품이 멸실, 훼손, 도난되었을 경우 그 원인이 "매도인"의 귀책 사유인 경우를 제외하고는 "매수인"이 부담한다.

제6조 (물품의 임의처분)

납품기일에 "매수인"이 물품을 수령하지 않는 경우, "매도인"은 물품을 임의로 처분한 후 그 대금으로 "매도인"의 "매수인"에 대한 손해배상 채무 등 채무 변제에 충당하고, 부족액이 있으면 그 금액을 "매수인"에게 청구할 수 있다.

제7조 (계약의 해제)

다음 각 호의 사유가 발생하면 계약을 해제할 수 있다.

① 당사자 일방이 본 계약에서 정한 사항을 위반하거나 이행을 지체한 때
② 당사자 중 일방이 제3자로부터 압류, 가압류, 강제집행, 경매, 체납 처분을 받은 때
③ "매수인"이 발행한 어음·수표가 부도 처리된 때
④ "매수인"이 파산 절차를 밟게 된 때

제8조 (계약의 해석)

본 계약상의 해석에 이견이 있거나 본 계약에 규정되지 아니한 사항에 대해서는 양 당사자가 합의하여 결정하거나 일반 상관례에 따르는 것으로 한다.

이상 본 계약을 증명하기 위하여 본 계약서 2부를 작성하고 양 당사자가 기명 날인한 후 각 1부씩 보관한다.

4) 대리점계약서의 작성

대리점에는 자기 명의(대리점 명의)로 고객에게 물품을 판매하는 대리점·특약점과 회사(공급업체) 명의로 물품을 판매하고 공급업체로부터 수수료를 받는 판매 대리점(위탁 대리점)이 있다. 다음의 계약서는 대리점·특약점과의 거래에서 사용하는 대리점 계약서 견본이다.

대리점 계약서를 작성할 때는 다음의 견본을 참조하여 회사 거래 상황에 맞게 가감하여 활용하면 된다.

대리점계약서

○○○○(주) 대표이사 ○○○(이하 "공급자"라 함)와 ○○○○(주) 대표이사 ○○○(이하 "대리점"이라 함)는 다음과 같이 대리점 계약을 체결하고 이를 성실히 준수하기로 약정한다.

제1조 (목적)

본 계약은 "공급자"와 "대리점" 간에 대리점 계약에 관한 전반적인 사항을 규정하고 상호 신뢰로서 본 계약을 성실히 준수하여 공동의 번영과 발전에 이바지함을 목적으로 한다.

제2조 (계약 제품)

1. 계약 제품은 _____로 한다.
2. 규격은 "공급자"의 Spec.에 의하되, 상호 협의하여 정한다.

제3조 (매매 가격)

1. "공급자"가 "대리점"에 공급하는 "제품"의 가격은 "공급자"의 가격표를 기준으로 하되 "공급자"와 "대리점"의 상호 합의에 따라 정한다.
2. 시장 상황의 변동으로 가격 변경이 필요한 경우에는 "공급자"와 "대리점"의 별도 합의에 따라 가격을 결정한다.

제4조 (주문)

"대리점"은 본 계약에 의한 제품을 매수하고자 할 때는 "공급자"에게 서면으로 주문하여야 하며, "공급자"는 주문 내용에 따라 제품을 "대리점"에 공급한다.

제5조 (물품의 인도)

1. "공급자"는 주문서(발주서)에서 정한 장소에 현장 도착도 조건으로 납품하여야 하며, 하차에 사용되는 장비는 "대리점"이 부담한다. 장비 사용 시 발생한 사고에 대하여는 "대리점"이 책임을 부담하는 것으로 한다.
2. "대리점"은 제품을 인수하는 즉시 "공급자"에게 인수증을 발급한다.

제6조 (대금 지급)

1. 제품 대금은 인도와 동시에 현금으로 지급하는 것을 원칙으로 하되 "공급자"가 인정하는 경우에는 결제일 60일 이내의 약속어음이나 전자결제로 지급할 수 있다.

2. "대리점"이 대금 지급을 연체한 경우 "공급자"는 지급일자로부터 계산하여 연 10%의 이율에 의한 지연 이자를 "대리점"에 청구할 수 있다.

제7조 (검수 및 검사)

1. "대리점"은 제품 수령 후 즉시 제품을 검수·검사해야 하며, 검수·검사 결과 수량 과부족이나 제품 결함 발견 시 "공급자"에게 즉시 서면으로 통지해야 한다.

2. "공급자"가 물품 인도 후 7일 이내에 어떠한 통지도 받지 못하였다면 수량 과부족이나 제품 하자는 없는 것으로 본다.

제8조 (하자 보증)

"공급자"는 "대리점"이 제품 인도를 받은 날로부터 1년간 "공급자"가 공급한 제품의 하자에 대하여 보증한다.

제9조 (담보의 제공)

1. "대리점"은 본 계약에 의한 제품 인수에 따른 채무를 담보하기 위하여 담보를 제공하여야 한다.

2. 담보물의 멸실, 채무 금액의 증가로 인하여 기존 담보물로서 담보 목적을 충분히 달성할 수 없을 때는 "공급자"는 담보의 추가와 교체를 요구할 수 있으며, "대리점"은 정당한 사유가 없는 한 이에 응하여야 한다.

제10조 (상표 사용)

1. "공급자" 상표의 사용은 "공급자"가 제공하는 제품에만 사용하여야 한다.

2. "대리점"이 상표 사용에 대한 계약 사항을 위반하면 "공급자"에게 손해를 배상하여야 한다.

제11조 (계약의 해지)

아래의 각 호의 사유가 발생한 경우에 "공급자"와 "대리점"은 계약을 해지할 수 있다.

① "공급자"나 "대리점"이 제3자로부터 압류, 가압류, 강제집행, 경매, 체납 처분을 받은 때
② "대리점"이 파산 절차를 밟게 된 때
③ "대리점"이 제품 대금의 지급을 1개월 이상 지체한 때
④ "공급자"나 "대리점"이 발행한 어음 또는 수표가 부도된 때
⑤ "공급자"나 "대리점"이 본 계약 내용을 위반한 때
⑥ "대리점"이 제품의 넘핑으로 판매한 경우

제12조 (계약 기간)
1. 본 계약의 존속 기간은 계약 체결일부터 1년간으로 한다.
2. 계약을 해지하고자 할 의사가 있는 때에는 상대방에게 계약 만료 1개월 전에 서면으로 계약 해지의 의사를 표시하여야 하며, 이러한 의사 표시가 없는 경우에는 동일한 기간 동안 자동 연장되는 것으로 한다.

제13조 (계약의 해석)
본 계약상의 해석에 이견이 있거나 본 계약에 규정되지 아니한 사항에 대하여는 양 당사자의 합의에 따라 결정하거나 일반 상관례 따르는 것으로 한다.

이상 본 계약을 증명하기 위하여 본 계약서 2부를 작성하고 양 당사자가 기명날인한 후 각 1부씩 보관한다.

년   월   일

공급자 : (주소)
      (법인명)
      대표이사 ○○○(인)

대리점 : (주소)
      (법인명)
      대표이사 ○○○(인)

3 | 계약의 체결과 관리

1) 계약의 체결

계약을 체결하기 전에 앞으로 분쟁의 소지가 있는 사항이 있는지 검토하고, 날짜·숫자·단위 등 중요한 내용이 정확히 기재되었는지 다시 확인한다. 계약의 체결은 다음과 같이 한다.

- 계약서의 일부 페이지의 변조를 방지하고 일관성을 갖도록 계약서의 각 장마다 앞 장의 뒷면과 겹치게 해서 간인한다.
- 계약 당사자가 개인일 경우에는 주소, 연락처, 생년월일, 성명을 명기하고 날인을 받는다. 주민등록지와 거주지 주소가 다른 경우에는 두 주소 모두를 기재한다.
- 개인이 개인사업자일 경우에는 사업장 주소지, 상호, 사업자 등록번호, 성명을 기재하고 날인을 받는다. 연락처도 파악해

야 한다.

- 계약 당사자가 개인이고 대리인과 계약을 체결하는 경우에는 위임장, 본인 인감증명서를 받아야 하며, 본인과 대리인의 주소, 성명, 생년월일, 연락처를 모두 명기하고 날인도 모두 받는다.

- 계약 당사자가 법인일 경우는 주소, 법인명, 법인등록번호(사업자등록번호), 대표이사 성명을 기재하고 날인을 받는다.

- 법인의 대표이사가 공동 대표일 경우에는 공동 대표이사 전원이 기명날인하도록 한다. 법인이 공동 대표인 것은 법인등기부등본에서 확인하면 알 수 있다.

- 계약 상대방이 단체나 조합일 경우에는 규약상에 대표 권한을 위임받은 자와 계약해야 하며, 그렇지 않을 때는 단체나 조합의 전원과 하든지 전원의 위임장을 받아야 한다.

- 인감(서명)은 가능한 한 등록 인감(서명)을 받도록 하고, 인감증명서(본인 서명 사실 확인서)도 받는다.

- 신용이 취약한 법인이나 개인과의 계약에는 서명날인을 받도록 한다. 서명날인은 자필로 성명을 기재하도록 하고 날인을 받는 것을 말한다.

- 전자서명을 하여 계약을 체결할 수도 있다. 전자서명법에는 전자서명도 기명(서명)날인으로서의 효력을 갖는 것으로 되어 있

으며, 전자계약 플랫폼 기업도 늘어나고 있다.

2) 계약서 관리

계약서는 일련번호를 명기하여 보관한다. 일련번호는 20__ - 휴대폰 영업 - 0001 등과 같이 부여한다. 이는 작성 연도, 부서명, 일련번호의 순이다.

일련번호가 명기된 계약서는 일련번호순으로 보관한다. 계약서 원본은 영업 관리부서 등에서 보관하고, 계약서 사본을 실무부서 (영업부서)에서 사용하게 한다.

전자계약서로 계약을 체결한 경우에는 전자계약 플랫폼 기업에서도 계약서를 보관한다.

3) 계약 내용의 변경

계약 내용이 변경되었는데 계약서 내용을 변경하지 않아서 분쟁이 일어나는 경우가 흔히 있다. 납기가 연장되었는데 이를 계약서상에서 변경하지 않았다가 이행 지체와 관련된 분쟁이 일어나는 경우가 이에 해당한다.

계약의 주요 조건이 변경되면 계약서를 수정해야 한다. 새 제품이 추가된다든지, 계약 물품 규격이나 납기 등 계약서 주요 내용이 변경되는 경우는 계약서를 수정한다.

계약 물품 규격이 변경되는 등 계약 내용이 변경되면서 가격과 납기 등을 조정할 필요가 있는 경우, 당사자 간에 협의하여 그 내용을 조정한 후 계약서도 수정해야 한다.

4 | 약관에 의한 계약 체결

1) 약관이란?

계약의 일방 당사자가 장래 다수의 상대방과 계약을 체결하기 위하여 일정한 형식으로 미리 마련해놓은 계약 서식을 그 명칭에 상관없이 약관이라 한다.

기업이 불특정 다수와 계약을 맺을 때 하나하나 협의하여 계약하는 것은 상당히 번거로운 일이므로 계약 내용을 미리 표준화하여 계약하는 것이다.

약관에 의한 계약 체결은 약관의 규제에 관한 법률에 의해 적용받는다. 약관에 의해 계약을 체결할 때는 약관의 규제에 관한 법률에 위배하여 일부 또는 전부 무효가 되는 일이 없도록 한다.

2) 약관의 규제에 관한 법률

약관은 계약의 내용을 미리 정형화함으로써 거래를 신속하게 처리할 수 있다는 장점이 있다. 반면에 사업자 측이 자신들에게 일방적으로 유리하게 약관을 정해놓고, 고객은 그러한 약관을 거부할 수 없다는 점에서 문제가 된다.

기업이 그 거래상의 지위를 남용하여 불공정한 내용의 약관을 작성 및 통용하는 것을 방지하고 불공정한 내용의 약관을 규제하여 건전한 거래 질서를 확립함으로써 소비자를 보호하고 국민 생활의 균형 있는 발전을 도모하기 위하여 약관의 규제에 관한 법률이 제정되어 운영되고 있다.

3) 약관의 규제에 관한 법률 총칙

❶ 약관의 명시, 설명 의무

- 약관의 내용을 일반적 방법으로 명시하고 고객이 요구할 때에는 당해 약관의 사본을 고객에게 내주어야 한다.
- 기업(사업자)은 약관에 정해진 중요한 내용을 고객이 이해할 수 있도록 설명해야 한다.
- 위의 두 가지 규정을 위반하여 계약을 체결했을 때에는 기업(사

업자)은 당해 약관을 계약의 내용으로 주장할 수 없다.

❷ 개별 약정의 우선

약관에서 정하고 있는 사항에 관하여 기업과 고객이 약관의 내용과 다르게 합의한 사항이 있다면, 당해 합의 사항은 약관보다 우선한다.

❸ 약관의 해석

- 공정하게 해석되어야 하며, 고객에 따라 다르게 해석되어서는 안 된다.
- 약관의 뜻이 명백하지 않은 경우, 고객에게 유리하게 해석한다.

4) 불공정 약관 조항은 무효

기업이 아래와 같은 위반 조항이 있는 약관으로 계약을 체결하면, 그 조항은 무효가 된다.

❶ 신의성실의 원칙에 반하여 공정성을 잃은 약관 조항

- 고객에게 부당하게 불리한 사항
- 고객이 계약의 거래 형태 등 제반 사정에 비추어 예상하기 어

려운 조항

• 계약의 목적을 달성할 수 없을 정도로 계약에 따르는 본질적
권리를 제한하는 조항

❷ 무효가 되는 약관 조항

• 기입(사업사)의 부당한 면책 조항 금지

• 고객에게 부당하게 과중한 지연 손해금 등의 손해배상 의무를
부담시키는 조항

• 계약의 해제·해지에 관하여 고객의 해제·해지권의 부당한 제
한, 기업의 해제·해지권의 부당한 완화 조항

• 상당한 이유 없이 급부의 내용을 기업(사업자)이 일방적으로 결
정·변경·중지할 수 있도록 하는 조항

• 고객의 권익에 관하여 부당한 조항

• 고객의 의사 표시를 부당하게 의제·제한하거나, 기업의 의사
표시를 부당하게 완화하거나, 장기·불확정 기한을 정하는 조항

• 대리인에 의하여 계약이 체결된 경우 고객이 의무를 불이행할
시 대리인에게 그 의무의 전부 또는 일부를 부담시키는 조항

• 고객에게 부당하게 불리한 소송 제기 금지 조항 또는 재판 관
할 합의 조항, 상당한 이유 없이 고객에게 입증 책임을 부담시
키는 약관 조항

❸ 일부 무효의 특칙

약관의 전부 또는 일부의 조항이 계약의 내용이 되지 못하거나 무효인 경우, 계약은 나머지 부분만으로 유효하게 존속한다.

다만 유효한 부분만으로는 계약의 목적 달성이 불가능하거나, 그 유효한 부분이 한쪽 당사자에게 부당하게 불리할 때에는 당해 계약은 무효로 한다.

3장

담보 설정과
관리

1 | 담보의 종류

담보는 크게 물적담보와 인적담보로 나눌 수 있다.

물적담보를 설정해놓으면 해당 물적담보 물건이 경매되는 경우에 일반 채권자보다 우선하여 변제받을 수 있다.

인적담보는 채무자가 채무를 이행하지 않았을 때 보증인에게 채무 변제의 책임을 지우는 것으로, 채무자를 한 명 더 추가하는 효과를 얻을 수 있다.

1) 인적담보의 종류

인적담보에는 연대채무, 연대보증, 단순보증이 있다.

연대채무

연대채무자가 채무에 대하여 이행할 의무를 지는 것이다. 그

가운데 1인이 채무를 변제하면 다른 연대채무자는 채무를 면하게 되며, 채무를 이행한 채무자는 다른 연대채무자들에게 구상권을 행사할 수 있다.

연대보증

주채무자와 연대하여 채무를 부담하는 것을 말하며 변제기 이후에는 연대보증인에게 언제든지 전액 청구가 가능하다. 실무적으로 가장 많이 활용되는 인적담보로, 보증인과 채권자 사이에 연대보증 계약으로 성립한다.

단순보증

주채무자가 채무를 변제하지 않는 경우 보증 채무를 변제할 책임을 지는 것으로, 채권자와 보증인 간에 보증 계약으로 성립한다.

2) 물적담보의 종류

물적담보에는 법정 담보 물건과 약정 담보 물건이 있는데, 법정 담보 물건에는 유치권이 있으며 약정 담보 물건에는 저당권, 질권, 양도담보, 가등기담보, 담보권 등이 있다.

유치권

타인의 물건 또는 유가증권을 점유한 자는 그 물건이나 유가증권에 관하여 생긴 채권이 변제기에 있는 경우에는 변제를 받을 때까지 그 물건 또는 유가증권을 유치할 권리가 있는데, 이를 유치권이라 한다(민사유치권).

저당권

부동산, 자동차 등 등기 등록이 되는 물건에 설정하는 대표적인 담보다. 채권자와 담보 제공자가 저당권 설정 계약을 체결하고 저당권 설정 등기를 완료함으로써 성립한다.

계속된 거래에서 발생하는 채권을 담보하기 위해 채권 최고액을 정하고 장래에 확정될 채권이 담보가 되도록 설정하는 것을 근저당권이라 한다.

질권

채권자와 질권 설정자 간에 질권 설정 계약을 체결하고 질권 설정자로부터 담보의 목적물을 인도받아 변제가 완료될 때까지 유치함으로써 채무의 이행을 간접적으로 강제하는 동시에, 담보 물건의 환가액에서 다른 채권자보다 우선하여 변제받을 수 있는 권리다.

양도담보

채권담보의 목적으로 채권자와 담보 제공자 간에 담보 제공자의 물건을 채권자에게 양도하고 채무자가 변제 기일에 변제하지 않는 경우에 채권자가 그 물건으로부터 채무를 변제받기로 하는 계약을 체결하면 성립한다.

가등기담보

채권을 담보하기 위하여 가등기담보 계약을 체결하고 가등기한 담보를 말한다. 가등기담보권자는 우선변제권을 가지며, 채무자의 채무불이행 시에는 소유권 이전 본등기에 의하여 소유권을 취득하거나 경매를 신청할 수 있다.

유체동산·채권 담보권

과거에는 유체동산이나 채권을 담보로 설정할 때는 질권이나 양도담보로 설정하였다. 지금은 유체동산이나 채권에 대해서도 등기를 하여 담보로 설정할 수가 있는데, 이를 유체동산담보권, 채권담보권이라고 한다.

법정 담보 물건
당사자 간에 별도로 담보 설정 계약을 하지 않아도 민법 등 법률 규정에 따라 당연히 성립하는 담보 물건

약정 담보 물건
당사자 간에 별도로 담보 설정 계약 등 계약을 해야 성립되는 담보 물건

2 | 근저당권의 설정과 관리

1) 근저당권의 대상 물건

근저당권의 대상물로는 등기가 가능한 토지·건물 등 부동산과 선박·항공기·중기와 같이 등록이 가능한 동산이 있다.

부동산의 경우 각각 다른 물건으로 취급되기 때문에 대지와 건물이 같이 있는 물건의 경우 토지와 건물에 대하여 공동 담보를 설정해야 토지와 건물 모두에 대하여 담보권을 행사할 수 있다.

2) 저당권과 근저당권의 차이 및 유의 사항

저당권은 채권자와 채무자 간의 확정된 채권을 담보하기 위하여 설정하며, 저당권을 설정하는 경우에는 설정액이 채권액으로 기재된다. 저당권이 설정되면 확정된 채권액에 대하여 담보 물건 환가 금액에서 우선 변제받을 수 있는 권리를 확보하게 된다.

근저당권은 채무자와의 계속 거래하면서 장래에 확정될 미확정 채권에 대하여 담보를 설정함으로써 일정한 금액 내에서 우선변제권을 확보하기 위해 설정하는 것이다. 근저당권을 설정하는 경우에는 등기상에 채권 최고액으로 기재되며, 채권 최고액 한도 내에서 장래에 확정될 채권을 담보한다.

근저당권의 피담보채권은 근저당권의 존속 기간 만료, 근저당권 설정 계약의 해지, 경매 신청된 경우에 확정된다. 근저당권의 피담보채권이 확정되면 피담보채권의 확정 시기까지 발생한 채권은 담보되지만, 그 이후에 발생한 채권은 그 근저당권으로 담보되지 않는다.

실무에서는 주로 경매 신청에 의한 피담보채권 확정이 문제가 되는 경우가 많다. 경매 신청을 하였다가 채무자의 요청으로 경매를 취하하고 계속 거래하는 경우, 경매 신청 후에 발생한 채권이 피담보채권이 되는가 하는 문제가 있다. 경매 신청에 의하여 피담보채권이 확정되는 경우에는 그 후에 경매가 취하되거나 각하되더라도 피담보채권은 경매 신청 시에 확정된 것으로 본다. 즉, 경매신청 후에 발생한 채권에 대하여는 그 근저당권으로 담보되지 않는다.

따라서 채권자로서 경매 신청을 하였다가 경매를 취하하고 채무자와 계속 거래하는 경우에는 그 후에 발생하는 채권에 대하여 별도로 담보를 확보할 필요가 있다. 그 방법으로는 기존의 근저당권을 유용하는 방법과 경매 신청 후에 발생하는 채권에 대하여 추가로 근저당권을 설정하는 방법이 있다.

실무적으로 기존의 근저당권을 유용하는 방법보다는 경매 신청 후 발생하는 채권에 대하여 추가로 근저당권을 설정하고 거래하는 것이 이해관계인과의 법률적인 문제를 피할 수 있고 확실한 방법이다.

3) 근저당권 설정 시 확인 사항

근저당권을 설정하기 전에 다음의 사항을 확인해야 한다.

- 부동산등기부등본 등 공적 장부와 실제 물건과 동일한지 확인한다.
- 물건의 지상에 고압선 통과, 지하에 매설물 유무를 확인해야 하며, 주변 여건 및 편의 시설과의 거리 등도 확인한다.
- 물건에 대한 개별공시지가, 단독주택공시가격, 공동주택공시가격, 기준시가, 실거래가를 확인하여 가치평가에 참조한다.
- 무허가, 미등기 건물이 있을 때는 법정지상권에 문제가 되지 않도록 필요한 조치를 취한다.

• 임대차 조사를 한다(임대차 확인서/임대차 계약서 사본 수령).

4) 근저당권 부동산의 권리분석 방법

❶ 선순위 담보 설정 유무

선순위 근저당권, 전세권, 가등기 담보권자는 등기의 우선순위에 의하여 담보물의 경매 처분 시 배당 우선순위를 갖게 되므로 담보 설정 시에는 부동산등기부등본에서 선순위 권리자가 있는지, 채권 최고액은 얼마인지 확인해야 한다.

❷ 등기된 권리의 순위

• 등기는 등기한 순서대로 순위번호를 기재하고, 같은 구에서 한 등기에 대하여는 순위번호에 의하여 권리의 순위가 정해진다.

• 갑구와 을구 사이의 등기 순위는 접수 일자, 접수 번호에 의하여 권리의 순위가 정해진다.

- 부기등기(순위번호는 1-1, 1-2 등으로 기재)의 순위는 본등기의 순위에 의하고, 부기등기 간의 순위는 그 전후에 의한다.
- 가등기에 의하여 본등기를 하게 되면, 본등기의 순위는 가등기의 순위에 의한다.

❸ 주택임대차보증금과의 선후 관계

대항 요건을 갖춘 임차인의 대항력

선순위 가압류, 저당권, 담보가등기, 경매 기입등기 등이 없는 임차주택에 주택임차인이 입주하고 주민등록 전입신고를 마치면(이를 대항 요건이라 함), 그다음 날부터 임차주택이 다른 사람에게 양도되거나 경락되더라도 새로운 집주인(양수인, 경락인)에게 임차권을 주장하여 임대차 기간이 끝날 때까지 거주할 수 있고, 임대차 기간이 만료되더라도 임대보증금 전액을 반환받을 때까지는 집을 비워주지 않을 수 있다.

확정일자를 갖춘 임차인

입주와 주민등록을 마치고 주택임대차계약서에 확정일자를 갖춘 임차인은 임차주택이 경매·공매되는 경우에 임차주택(대지 포함)의 환가 대금에서 후순위 담보권자와 일반 채권자에 우선하여 보증금을 변제받을 수 있다.

소액 임차인의 최우선변제권

임대보증금이 소액인 경우(서울시 1억 5천만 원, 수도권·세종특별자치시·용인시·화성시 및 김포시 1억 3천 원, 광역시·안산시·광주시·파주시·이천시 및 평택시 7,000만 원, 그 밖의 지역 6,000만 원 이하), 임차주택이 경매되더라도 임차주택(대지 포함) 가액의 1/2 범위 안에서 일정 금액(서울시 5,000만 원, 수도권·세종특별자치시·용인시·화성시 및 김포시 4,300만 원, 광역시·안산시·광주시·파주시·이천시 및 평택시 2,300만 원, 그 밖의 지역은 2,000만 원)까지는 후순위 담보권자 및 일반 채권자뿐만 아니라 선순위 담보권자보다도 우선하여 변제받을 수 있다. 다만 이렇게 보호받기 위해서는 임차주택에 대하여 경매신청 기입등기가 종료되기 전에 입주 및 주민등록(전입신고)을 마쳐야 한다.

❹ 상가건물임대차보증금과의 선후 관계

적용 대상 건물

(임차보증금 + 차임(월세)×100)이 일정 금액 이하인 영세영업용 상가건물이 대상으로, 서울시 9억 원, 수도권·부산광역시 6억 9천만 원, 광역시·세종특별자치시·파주시·화성시·안산시·용인시·김포시·광주시 5억 4천만 원, 그 밖의 지역 3억 7천만 원이다.

대항력을 갖춘 임차인

선순위 가압류, 저당권, 담보가등기, 경매 기입등기 등이 없는 임차 상가건물에 상가건물을 인도받고 사업자등록을 한때는 그다음 날로부터 임차 건물이 다른 사람에게 양도되거나 낙찰되더라도 새로운 건물 주인(양수인, 낙찰인)에게 임차권을 주장하여 임차 기간이 끝날 때까지 입주할 수 있고, 임차보증금을 전액 반환받을 때까지 임차 건물을 비워주지 않을 수 있다.

확정일자를 갖춘 임차인

건물의 인도와 사업자등록 신청 및 관할 세무서장으로부터 임대차계약서상에 확정일자를 받은 임차인은 경매·공매 시 임차 건물의 환가 대금에서 후순위 담보권자 및 일반 채권자에 우선하여 변제받을 수 있다.

소액임차인의 최우선변제권

임차보증금이 소액인 경우(서울시 6,500만 원, 수도권 과밀 억제 지역 5,500만 원, 광역시 3,800만 원, 기타 지역 3,000만 원), 임차 건물이 경매되더라도 대지 가액을 포함한 임차 상가건물 가액의 1/2 범위 안에서 일정 금액(서울시 2,200만 원, 수도권 과밀 억제 지역 1,900만 원, 광역시 1,300만 원, 기타 지역 1,000만 원)까지는 후순위 담보권자 및 일반 채권자뿐만 아니라 선순위 담보권자보다도 우선하여 변제받을 수 있다.

❺ 조세채권과의 선후 관계

국세·지방세 법정기일(신고일, 부과일) 전에 설정한 근저당권·저당권·질권에 의하여 담보된 채권은 국세 또는 지방세에 우선하며 법정기일 후에 근저당권·저당권·질권이 설정된 경우에는 국세·지방세가 우선한다. 이는 질권·가등기담보·양도담보에도 준용된다.

다만, 법정기일 전에 설정된 담보여도 당해 부동산에 대한 조세채권이 있는 경우에는 그 당해세가 담보에 우선한다.

❻ 임금채권과의 선후 관계

임금·퇴직금·재해보상금, 기타 근로관계로 인한 채권은 사용자의 총재산에 대하여 질권 또는 저당권에 의하여 담보된 채권을 제외하고는 조세·공과금 및 다른 채권에 우선하여 변제된다. 단, 질권 또는 저당권에 우선하는 조세·공과금은 임금·퇴직금·재해보상금, 기타 근로관계로 인한 채권보다 우선한다.

임금채권에서도 일정한 경우 최우선변제권을 갖는다. 즉, 최종 3개월분의 임금, 최종 3년간의 퇴직금, 재해보상금은 질권 또는 저당권에 의하여 담보된 채권·조세·공과금 및 다른 채권에 우선하여 변제된다.

대항력

이미 발생하고 있는 법률관계를 제3자에게 주장할 수 있는 효력을 말한다.
임대차계약에서 임차인이 대항력을 갖는다는 말은 집주인이 바뀌더라도 바
뀐 집주인 등 제3자에게도 임대차권리를 주장할 수 있는 효력을 갖는다는 의
미다.

권리 우선순위(조세 법정기일 후에 담보(근저당권)가 설정된 경우)

1순위 : 경매 집행 비용

2순위 : 소액 주택·상가임대차보증금, 최종 3개월분의 임금과 3년간의 퇴직금
및 재해보상금, 소액 임대차보증금 채권과 최종 3개월분의 임금 등 채권이 경
합하는 경우에는 동등한 순위의 채권으로 배당한다.

3순위 : 국세와 지방세와 그 가산금(당해세 포함)

4순위 : 국세 및 지방세의 다음 순위로 징수하는 공과금(국민건강보험료, 산업
재해 보상 보험료, 국민연금 등) 중 납부 기한이 저당권에 의하여 담보되는 채
권 및 확정일자 있는 임대차보증금보다 앞서는 공과금

5순위 : 저당권에 의하여 담보되는 채권 및 확정일자 있는 주택임대차보증금

6순위 : 2순위에 해당하는 임금, 퇴직금 등을 제외한 임금, 기타 근로관계로 인
한 채권

7순위 : 국세 및 지방세의 다음 순위로 징수하는 공과금(국민건강보험료, 산업
재해 보상 보험료, 국민연금 등) 중 납부 기한이 저당권에 의하여 담보되는 채
권 및 확정일자 있는 임대차보증금보다 이후인 공과금

8순위 : 일반 채권자의 채권

☞ 조세 법정기일 전에 담보가 설정된 경우에는 담보되는 채권이 조세보다 우선한다.
단, 담보 물건에 과세된 종합부동산세, 증여세, 재산세 등 당해세는 언제나 담보되는
채권보다 우선한다.

5) 법정지상권

민법에서는 토지와 건물은 독립된 부동산으로 본다. 따라서 토지와 건물을 분리하여 처분할 수 있어서, 건물과 토지의 소유자가 달라지는 경우도 생긴다. 이런 경우에 토지 소유자에게 건물 소유자에 대한 건물 철거 청구를 인정한다면 사회·경제적으로 커다란 손실이 발생할 것이다.

이러한 문제로 민법은 법정지상권을 규정하고 있는데, 동일인의 소유였던 토지와 건물이 양도나 경매 등으로 각각 그 소유자가 달라진 경우 건물 소유자에게 그의 건물 소유를 위하여 법률상 지상권을 인정하고 있다.

법정지상권이 인정되는 경우로는 토지와 건물이 동일 소유자에게 속했는데 건물에 대해서만 전세권을 설정한 후 토지 소유자가 변경된 경우, 저당권 등을 설정한 뒤 저당권의 실행으로 경매됨으로써 토지와 건물 소유자가 달라지게 된 경우 등이다.

이와는 별도로 판례는 관습법상의 법정지상권을 인정하고 있는데, 동일인 소유의 토지와 건물 중의 어느 하나가 매매나 기타의 사유(경매 등)로 각각 소유자가 달라진 경우 건물 소유자는 지상권을 취득한다.

지상권의 최단 기간은 석조·석회조·연와조 또는 이와 비슷한 건물이나, 수목의 목적인 경우에는 30년, 그 밖의 건물 소유 목적인 경우에는 15년, 건물 이외의 공작물 소유 목적인 경우에는 5년이다. 기간이 만료된 경우 지상권자는 물건이 현존하는 한 갱신 청구를 할 수 있으며, 토지 소유자가 이를 거절하는 경우에는 지상 물건을 시세로 매수할 것을 청구할 수 있다.

따라서 근저당권 등 물적담보 설정 시에는 이러한 법정지상권 문제가 일어날 만한 물건이 있는지를 검토하고 설정해야 한다.

> **지상권**
>
> 다른 사람의 토지를 사용할 수 있는 권리다. 다른 사람 토지에 건물을 세우거나 나무를 심을 수 있는 권리 등을 의미한다.

6) 근저당권의 설정

❶ 채권최고액과 담보평가액

- 채권최고액은 근저당권 설정액을 말하는데, 이는 현재 발생했거나 앞으로 발생할 미확정 채권에 대하여 설정된다. 채권자는 채권최고액 한도 내에서 우선변제권을 확보한다.
- 담보평가액은 채권자 회사에서 여신한도를 운영할 때 담보 한도를 정하는 기준이 되는 금액이다.

❷ 채권최고액

일반적으로 채권 관리 실무에서는 담보 여력의 110~130%를 채권최고액으로 설정하고 있다. 담보 여력은 감정 평가액에서 선순위 설정액과 임대차 보증금 및 소액임대차 보증금 발생 가능액을 공제한 금액을 말한다(주택의 경우).

❸ 채권최고액 산정 방법(주택의 경우)

- 담보 여력 = 감가평가액 − (선순위 설정액 + 임대차 보증금 + 임대하지 않은 방의 수 × 2,000/2,300/4,300/5,000만 원)
- 채권최고액 = 담보 여력 × 110~130%

❹ 담보평가액

앞에서 설명한 바와 같이, 담보평가액은 여신한도 운영 시에 담보 한도를 정하는 기준이 된다. 근저당권을 실행하면 경매를 통하여 환가하게 되는데, 경락가는 시가나 감정평가액보다 낮은 것이 보통이다. 실무에서는 보통 담보평가액을 다음과 같이 산정한다.

담보평가액 산정(주택의 경우)
담보평가액 = (감정평가액×80%) − 선순위 설정액 − 임대차 보증금 − (임대하지 않은 방의 수×2,000/2,300/4,300/5,000만 원 & 채권최고액 중 적은 금액)

❺ 근저당권 설정등기

근저당권은 근저당권 설정 계약을 체결하고 근저당권 설정등기 신청서와 구비서류를 갖추어 등기함으로써 설정된다. 나대지에 근저당권을 설정할 때는 지상권도 설정해야 한다.

❻ 근저당권 설정 시 구비서류

나대지에 담보 설정 시 지상권을 동시에 설정하는 경우에는 지상권설정계약서, 토지대장, 위임장이 추가로 필요하다.

서류명	매수	발급처	확인 사항
근저당권설정 등기신청서	1		채권최고액, 채무자의 성명 주소 등을 기재
근저당권설정계약서	1		채권자, 채무자, 담보 제공자의 기명날인
등기권리증	1	등기소	등기권리증이 없으면 법무사가 작성한 담보 제공자의 진술서로 대체 가능
인감증명서 (본인서명사실확인서)	각 1	주민센터	1개월 내 발급
주민등록초본 (채권자, 담보 제공자)	각 1	주민센터	개인인 경우 제출
위임장	1		채권자, 담보 설정자의 기명날인 인감증명서 첨부
법인등기부등본	1		법인인 경우 제출

7) 근저당권의 물건 변동과 채무자 변경 시 조치할 사항

❶ 물건 변동에 대한 사후관리

• 나대지를 근저당권으로 설정하려면 동시에 지상권도 같이 설정해야 한다. 나대지에 건물을 신축하는 경우에는 지상권자의 동의를 얻어야 건물 신축이 가능하다.

• 근저당 부동산이 공용징수 등으로 토지수용이 되는 때에 근저당권자는 물상대위권을 행사할 수 있다. 물상대위권이란 저당권의 권리자가 저당 목적물이 멸실·훼손·공용 징수된 경우에 저당권설정자가 받을 보상금 등 금전 기타의 것에 효력을 갖는 권리를 말한다. 저당권자가 물상대위권을 행사하기 위해서는 저당권설정자가 받을 보상금 등이 지급 또는 인도되기 전에 보상금 등을 압류해야 한다.

• 근저당 부동산이 개축되는 경우, 개축 전의 건물과 개축 후의 건물이 동일함을 인정할 수 없다면 개축 후의 신축 건물에 대하여 근저당권의 효력이 미치지 않는다. 따라서 신축 건물에 대하여 새로이 근저당권을 설정해야 한다.

• 근저당 부동산이 증축되는 경우에 증축 전 건물과 증축 후 건물이 동일성을 유지하는 경우에는 증축 후 건물에 대하여도 근저당권의 효력이 미친다. 그러나 외관상 독립적인 이용 가치가

있거나 증축 전의 건물과 외관상 동일성을 인정할 수 없고 증축 부분에 대하여 별개의 건물로 보존등기를 한 경우에는 증축 건물에 근저당권의 효력이 미치지 않는다. 따라서 이때는 증축 건물에 대하여 추가로 근저당권을 설정해야 한다.

• 근저당 부동산이 홍수나 철거 등에 의하여 멸실된 경우에는 담보 건물 자체가 소멸된다. 이때는 나대지에 지상권을 설정한다.

❷ 채무자 변경에 대한 사후관리

실무에서도 계약 당사자나 채무자의 변경 사유 중 가장 많이 차지하고 있는 것이 개인사업자에서 법인사업자로 전환하는 경우다.

채무자가 개인사업자에서 법인사업자로 변경된 경우에 법인과의 거래에서 발생한 채무가 담보되게 하기 위해서는 채무자를 법인으로 하여 근저당권을 추가로 설정하든지, 기존 근저당권에 '중첩적 계약 인수'를 등기 원인으로 하여 법인을 채무자로 추가시키는 채무자 변경 등기를 하고 거래해야 한다.

3 | 질권 설정과 실행 방법

1) 질권이란?

채권자와 질권설정자 간에 질권설정 계약을 체결하고 채권자가 질권설정자로부터 담보 목적물을 인도받아 변제가 있을 때까지 유치하여 채무의 이행을 간접적으로 강제하는 동시에, 채무를 변제하지 않는 경우 그 담보 물건을 처분하여 우선변제를 받을 수 있는 권리다.

질권에는 카메라·귀중품·시계 등 동산을 담보 목적물로 하는 동산 질권과 채권·주식·예금 등을 담보의 목적물로 하는 권리질권이 있는데, 여기서는 실무에서 많이 활용하고 있는 권리질권의 설정과 실행 방법을 다루려 한다.

2) 권리질권 설정 방법

- 채권자와 질권설정자 간에 질권설정 계약을 체결한다.
- 채권증서(예금통장, 임대차계약서 등)를 받는다.
- 제3채무자(은행, 임대인 등)의 질권설정 승낙을 받는다. 또는 질권 설정자가 제3채무자에게 질권설정을 통지한다(지명채권).
- 제3채무자(은행, 임대인 등)의 질권설정 승낙과 질권설정자의 질권설정 통지는 확정일자 있는 문서로 한다(지명채권).
- 저당권으로 담보한 채권을 질권의 목적으로 할 때는 그 저당권 등기에 질권의 부기등기를 해야 한다.
- 무기명채권을 질권설정하는 경우에도 증서(주식 등)를 교부받는다.

지명채권

특정한 사람을 채권자로 하는 채권이다. 물품 대금·예금채권(통장)·대여금채권·임차보증금채권 등의 채권이 여기에 해당된다.

무기명채권

특정한 사람으로 채권자가 지정되지 않고 증권상에 채권자가 표시되지 않은 채권을 의미한다. 자기앞수표·CD(양도성 예금증서)·상품권 등이 여기에 해당된다.

3) 권리질권의 실행

• 채무자가 변제기 이후에도 채무를 변제하지 않으면 제3채무자
(은행, 임대인)에게 지급을 청구한다.

• 법원에서 채권의 강제집행 절차를 통하여 질권을 실행할 수
도 있다.

질권설정계약서

채권자 겸 질권자 (주)○○○ 대표이사 ○○○(이하 '공급자'라 한다)과 채
무자 겸 질권설정자 ○○○(이하 '대리점'이라 한다)은 채무자와 채권자 간에
물품 거래에서 발생하는 채권을 담보하기 위하여 아래와 같이 담보설정 계약
을 체결한다.

제1조 (피담보채권)
피담보채권은 공급자가 대리점에 공급하는 냉동식품의 거래에서 발생하는,
현재 대리점에 대하여 가지고 있거나 장래 가지게 될 채권으로 한다.

제2조 (질권의 설정)
대리점은 공급자에게 피담보채권을 담보하기 위하여 별첨 임대차계약서(확
정일자 필)에 의한 임차보증금을 질권으로 설정한다. 대리점은 본 임차보증
금을 질권으로 설정함에 있어 선순위 양도담보권, 질권, 압류 등이 없음을 보
증한다.

제3조 (질권의 존속 기간)
질권의 존속 기간은 _____년 __월 __일까지로 한다.

제4조 (질권의 실행)

대리점이 채무를 불이행하는 경우에는 질권자(공급자)는 임대인에게 임차보증금의 반환을 직접 청구하여 채무 변제에 충당하는 것으로 한다. 임대인이 이에 응하지 않을 때에는 질권자(공급자)는 채권압류 및 전부명령이나 압류 및 추심명령의 절차에 의하여 질권을 실행하는 것으로 한다.

제5조 (차액 반환)

공급자는 채무 변제에 충당하고 차액이 있는 경우에는 그 차액을 대리점에 반환하여야 한다.

년   월   일

공급자 : 주소
(주)○○○   대표이사 ○○○(인)

대리점 : 주소
○○○(인)

위 질권설정을 이의 없이 승낙함.

임대인 : 주소
○○○(인)

(확정일자)

4 | 지급보증·지급보증보험·
신용보험

1) 지급보증

지급보증에는 지급보증서와 지급보증 어음이 있다. 전자적으로 발행되는 전자 지급보증서와 종이로 발행되는 종이 지급보증서가 있다. 지급보증을 한 금융기관은 채무자가 채무를 변제하지 않으면 채권자에게 지급 의무를 부담한다. 종이 지급보증서를 수령한 경우에는 발행번호를 금융기관에 조회하여 사실 여부를 알아봐야 한다.

요즈음은 금융기관 홈페이지에서 조회할 수 있다. 지급보증 어음은 수취인을 채권자로 하여 발행된 어음에 신용보증기금이나 금융기관이 지급보증을 확인한 것으로, 신용보증기금이나 금융기관에 발행 번호를 조회해야 한다.

지급보증서 약관에 지급보증 조건이 명기되어 있는데, 이 내용을 점검하여 담보 확보에 차질이 없어야 한다.

보증 조건은 보증 기간 내에 발생하여 채무 이행기가 도래된 채무에 대하여 지급보증이 되는 경우, 보증 기간 내에 발생한 채무에 대하여 지급보증이 되는 경우, 보증 기간 내에 변제기가 도래한 채무에 대하여 지급보증이 되는 경우의 3가지로, 금융기관마다 차이가 있다.

지급보증서는 제때 갱신해야 하며, 갱신할 때에도 보증 조건을 잘 검토하고 채권 확보에 문제가 없도록 갱신해야 한다.

지급보증서 약관에는 보상을 청구할 수 있는 시기도 명기되어 있는데, 이에 따라 적기에 보상청구를 해야 한다.

2) 이행지급보증보험

이행보증보험증권은 보증보험회사에서 피보험자를 채권자로 하여 발행하는 것으로 채권자가 채무자의 계약에서 정한 채무를 이행하지 않음으로써 입은 손해에 대하여 보상을 약속하는 증권이다. 안전하게 채권을 확보할 수 있고, 손해가 발생하면 별도의 법적 조치 없이 보상받을 수 있으므로 편리하다.

물품대금이행지급보증보험의 보험계약자는 물품판매계약서상에서 대금 지급 의무를 지는 채무자이며, 피보험자는 물품판매계약서상의 공급자로 채권자다. 채무자가 물품 매매 계약에서 정한 물품 대금 지급 채무를 이행하지 아니하여 채권자가 입은 손해를 보상한다.

이행보증보험증권도 전자적으로 발행되는 전자 이행지급보험증권과 종이로 발행되는 종이 지급보증보험증권이 있다. 종이 이행보증보험증권을 수취하는 경우에는 인터넷 등을 통하여 보증보험회사에 발행 사실을 확인해야 한다.

이행보증보험은 약관대로라면 보증 기간 내에 발생하고 변제 기일이 도래한 채권에 대하여만 보증보험의 효력이 있으므로, 계속적인 거래의 경우에 이행보증보험증권을 받을 때는 추가 위험부담 특약을 명시해야 한다. 추가 위험부담 특약은 기간 이전에 발생한 채무도 지급보증이 되도록 추가위험담보약관을 추가한 것으로, 이 특약이 있는 이행보증보험증권을 수령해야 갱신 전에 발생하고 갱신 후에 변제기가 도래한 채무도 지급을 보증해준다.

이행지급보증보험증권의 약관에는 보상을 청구할 수 있는 시기도 명기되어 있는데, 이에 따라 적기에 보상을 청구해야 한다.

3) 신용보험

채권에 대한 보험으로는 신용보험과 수출보험이 있다. 신용보험은 상품이나 용역을 담보 없이 신용으로 제공하는 기업이 채무자의 지급 불능이나 이행 지체로 인한 예상치 못한 손실을 보상받기 위해 가입하는 것이다.

현재 신용보험을 취급하고 있는 곳으로는 SGI서울보증과 신용보증기금의 두 곳이 있다. 수출보험은 한국무역보험공사에서 취급하고 있다.

신용보증기금에서 취급하는 신용보험의 가입 대상(보험계약자)은 중소기업으로 제한되어 있다. 그런데 신용보험은 모든 매출채권에 대하여 제한 없이 동일한 조건으로 가입할 수 있는 것이 아니라, 채권자의 매출채권 관리 능력과 채무자의 신용도, 거래 비율, 결제 기간을 종합적으로 고려하여 보험 가입 가능 여부나 보험 금액, 보험료율이 정해진다. 보험 가입 금액은 채무자별로 달라진다.

보험의 부보율은 SGI서울보증에서 취급하는 상업신용보험은 50~90%이며, 신용보증기금에서 취급하는 매출채권보험은 60~80%까지다.

보험 청약 시 필요한 서류는 상업신용보험(매출채권보험) 청약서, 사업자등록증 사본, 최근 1개월 이내에 발급된 법인등기부등본, 최근 1개년 재무제표, 매출처별 세금계산서 합계표(최근 4분기분), 기타 보험 가입에 필요한 것이다.

어음보험도 신용보험의 하나로, 신용보증기금에서만 취급하고 있는 보험이다. 판매 대금으로 수취한 어음을 보험에 가입하고 그

어음이 부도 처리되는 경우 보험금을 지급받는 제도다.

　수출보험은 수입자의 계약 파기, 파산, 대금 지급 지연 또는 거절 등의 신용위험과 수입국의 전쟁, 내란 또는 환거래 제한 등의 비상위험으로 수출자 또는 수출 금융을 제공한 금융기관이 입는 손실을 보상받을 수 있는 보험이다. 한국무역보험공사에서 수출보험을 들 수 있으며, 한국무역보험공사 홈페이지에 종류와 절차 등이 자세히 설명되어 있다.

　수출보험은 수출자·수입자의 신용조사 결과에 따라 보험 가입의 조건 등이 정해지며, 보험 가입 대상은 일반 수출 거래, 위탁 가공 무역 거래, 중계무역 거래, 재판매 거래 등 모든 수출 거래가 해당한다.

4장

약속어음 · 전자결제
관리

1 | 약속어음의 기재 사항

1) 필요적 기재 사항

약속어음에는 어음법에 규정된 필요적 기재 사항이 기재되어야한다. 이러한 필요적 기재 사항이 기재되지 않은 상태로 지급제시되면, 어음법상의 보충 규정 등의 구제 규정에 따르지 않는 한 발행인이 부도를 냈을 때 약속어음의 배서인에 대한 상환청구권이 소멸된다.

따라서 필요적 기재 사항은 꼭 점검해야 하며, 채권 보전의 안전을 위해서는 필요적 기재 사항이 모두 기재된 약속어음을 수취하는 것이 바람직하다.

발행일과 수취인 등이 없는 어음을 수취한 경우에는 이를 소지인이 보충하여 지급제시할 수 있다.

❶ 약속어음의 필요적 기재 사항

- '약속어음'이라는 문언
- 일정 금액의 무조건 지급 약속
- 지급 기일(만기)
- 지급지
- 수취인 또는 그 지시인
- 발행일과 발행지
- 발행인의 기명날인

❷ 배서인에 대한 상환청구권

약속어음의 소지인이 발행인이 부도를 내서 어음 대금을 받지 못하면 배서인에게 청구할 수 있는데, 이를 배서인에 대한 상환청구권이라 한다.

2) 보충 규정

보충 규정은 어음법에 규정되어 있는데, 약속어음상에 기재되지 않았더라도 기재된 것으로 인정하는 것을 말한다. 약속어음의 보충 규정은 다음과 같다.

- 지급 기일(만기)이 백지인 약속어음은 일람출급어음으로 본다.

- 지급지가 백지인 경우는 발행지를 지급지로 본다.

- 발행지가 백지인 경우는 발행인의 명칭을 부기한 곳을 발행지로 본다.

2 │ 부도 가능성이 있는 약속어음 구별 방법

약속어음은 자수 어음과 타수 어음으로 나눌 수 있다. 거래처가 발행인인 약속어음을 수취한 경우는 자수 어음이라고 하고, 거래처에서 다른 발행인이 발행한 어음을 배서해준 약속어음을 수취한 경우는 타수 어음이라고 한다.

약속어음을 받을 때 부도나기 쉬운 어음을 판별하여 대처하면 어음 부도를 상당 부분 줄일 수 있다.

부도나기 쉬운 어음수표를 구별하는 방법을 자수 어음과 타수 어음으로 나누어 정리해보면 다음과 같다.

1) 타수 어음

• 융통어음은 부도가 나기 쉬우므로 수취를 피해야 한다. 융통어음이란, 실제 상거래 없이 자금 융통을 위해서만 발행되어 유

통되는 어음이다. 일단 융통어음 여부를 판별해야 그에 대처할 수 있을 것이므로, 융통어음을 판별하는 것이 무엇보다도 중요하다. 융통어음은 다음과 같이 판별한다.

발행인과 거래처(배서인) 간에 거래 관계가 있을 가능성이 희박한 경우는 융통어음으로 볼 수 있다. 또 발행인과 거래처(배서인)의 관계가 친인척이거나, 같은 지방에 주소를 두고 있는 경우 융통어음으로 의심해보아야 한다. 25,000,000원 등과 같이 어음 금액의 끝자리가 없이 발행된 어음도 융통어음일 가능성이 있다.

- 배서인이 과다하게 많을 때는 회전어음으로 의심해야 한다. 회전어음은 부도 날 가능성이 높다. 배서인이 많으면 담보적 효력이 있어서 채권 확보에 유리하다고 볼 수도 있겠으나, 보통 실무에서는 3~4회 배서되기 전에 만기가 도래하거나 어음 할인을 하여 현금화하는 경우가 대부분이다. 따라서 배서인이 많은 경우에는 발행인이나 배서인의 신용이 취약하여 할인되지 않아 여러 번 배서하여 회전되는 회전어음일 가능성이 크다. 이러한 어음은 부실화할 가능성이 크다.

- 어음 만기일이 연장되어 개서된 어음은 부도의 가능성이 크다.

- 고액의 어음으로 대금을 지급하면서 차액을 정산받으려는 어음은 특히 유의해야 한다.

2) 자수 어음

- 어음 발행인이 어음 만기일을 일정 시점 전후로 집중되어 발행한 경우 부도의 가능성이 높다. 일반적으로 어음은 만기일이 월 1~2회 정도다. 주로 자금이 많이 회수되는 시기가 정해지기 때문이다. 지급 기일이 일정 시점 전후로 집중되어 발행되는 것은 고의 부도의 경우 흔히 나타나는 징후다.
- 발행인의 재력에 비하여 큰 금액의 어음은 부도의 가능성이 크다. 이러한 내용은 고의 부도의 경우에 나타나는 형태다.
- 어음 기간이 장기인 어음은 부도의 가능성이 크다. 발행인의 자금 사정이 여의치 않음을 보여준다.
- 지급 기일이 일요일이나 공휴일로 되어 있는 어음은 부도 가능성이 크다. 보통 어음을 발행할 때는 자금이 많이 유입되는 시기에 맞추어 지급 기일을 정한다. 지급 기일이 일요일이나 공휴일로 되어 있는 어음은 이러한 상황을 고려하지 않은 것으로, 그만큼 지급 의사가 없다고 보아야 한다. 또 어음의 부도는 공휴일이나 연휴가 끝나고 난 다음에 나는 경우가 많다.
- 증권가나 사채시장에 악성 루머가 도는 회사가 발행한 어음은 부도의 가능성이 크다.
- 만기일 연장을 요청하는 경우는 부도의 가능성이 크다.

- 종이 어음의 경우 발행일 없이 발행한 어음은 부도의 확률이 높다. 회사 자금의 유동성이 악화하고 있는 것을 숨기기 위하여 어음 기간을 노출하지 않기 위해 발행일을 일부러 기재하지 않는 경우가 있다.

3 | 전자
어음

1) **전자어음의 발행 및 유통**

전자어음의 발행 및 유통에 관한 법률에 따라 종이로 발행·유통되었던 약속어음을 전자적으로 발행·유통하고 권리를 행사할 수 있게 되었다. 전자어음은 발행·배서·보증이 전자적인 방법으로 처리되며, 어음 할인도 가능하다.

2) **전자어음의 장점**

- 종이어음에 비하여 발행·보관·유통 비용을 절감할 수 있다.
- 어음의 분실과 도난을 예방할 수 있다.
- 어음의 발행 금액을 금융기관에서 명확히 관리할 수 있다.
- 전자어음은 백지어음으로 발행되지 않으므로 필요적 기재 사

항이 미기재된 어음을 받아서 일어나는 피해를 예방할 수 있다.

• 전자어음은 발행인별로 발행 한도가 제한되어 있으므로, 종이 어음에 비하여 부도의 가능성이 낮다.

3) 전자어음의 발행과 배서

❶ 발행

전자어음을 발행하려 한다면 당해 금융기관에 등록해야 한다. 전자어음 관리기관(금융결제원)은 전자어음의 지급을 청구할 금융기관이나 신용조사기관 등의 의견을 참조하여 전자어음의 등록을 거부하거나, 전자어음의 연간 총 발행 금액 등을 제한할 수 있다.

전자어음에는 어음법에서 정하는 사항, 지급을 청구할 금융기관, 전자어음의 동일성을 표시하는 정보, 사업자고유번호 등을 기재하여 발행한다.

전자어음에 공동 전자서명을 한 경우에는 어음법에 따른 기명날인 또는 서명이 있는 것으로 본다.

발행인이 타인에게 전자어음을 송신하고 그 타인이 수신한 때에 전자어음이 발행된 것으로 본다. 발행 수수료는 건당 1,000원이다.

❷ 배서

배서란 어음의 유통을 원활히 하기 위한 제도로, 배서인이 어음의 뒷면에 어음 금액을 지급할 것을 의뢰하는 문구를 기재하고 기명날인한 후 특정인에게 양도하는 것이다. 배서하면 어음 발행인의 채무를 보증하는 것과 같은 효력이 생긴다. 따라서 신용이 양호한 배서인이 배서한 이음을 받으면 유리하다.

전자어음에 배서할 때에는 전자어음에 배서의 뜻을 기재한 배서 전자문서를 첨부해야 한다. 배서인이 타인에게 전자어음과 배서 전자문서를 송신하고 그 타인이 수신한 때에는 어음법에 따른 배서 및 교부가 있는 것으로 본다.

피배서인이 다시 배서하는 경우에는 전자어음 이전에 작성된 배서 전자문서를 전부 첨부하고 배서해야 한다.

배서인이 전자어음에 공동 전자서명을 한 경우에는 어음법에 따른 기명날인 또는 서명이 있는 것으로 본다. 배서 수수료는 건당 1,500원이다.

4) 지급 제시

전자어음의 소지인이 전자어음, 전자어음의 배서에 관한 문서를 첨부하여 지급 청구의 뜻이 기재된 전자문서를 금융기관에 송신하고 당해 금융기관이 이를 수신한 때에는 지급 제시가 있는 것으로 본다.

다만 전자어음 관리기관(금융결제원)에 대한 전자어음의 제시는 지급을 위한 제시의 효력이 있으며, 전자어음 관리기관이 운영하는 정보 처리 조직에 의하여 전자어음의 만기일 이전에 자동으로 지급 제시되도록 할 수 있다.

지급 제시하는 소지인은 지급 청구의 뜻이 기재된 전자문서에 어음금을 수령할 금융기관의 계좌를 기재해야 한다. 수취인의 추심 수수료는 건당 2,500원이다.

5) 어음의 반환·수령 거부

❶ 반환

전자어음을 발행 또는 배서한 자가 착오 등을 이유로 전자어음을 반환받으려 하는 때에는 그 소지인이 전자어음 관리기관에 반환의 뜻을 통지해야 한다. 이렇게 통지하면 전자어음의 발행 또는 배서가 되지 않은 것으로 보며, 전자어음 관리기관은 당해 전자어음의 발행 또는 배서에 관한 기록을 말소해야 한다.

❷ 수령 거부

전자어음의 수신자가 전자어음의 수령을 거부하는 때에는 전자어음 관리기관에 그 뜻을 통지해야 한다. 이 통지가 있으면 수신자가 전자어음을 수령하지 않은 것으로 보며, 전자어음 관리기관은 수신자의 청구가 있으면 그 수신자가 전자어음의 수령을 거부한 사실을 증명하는 문서를 발급해야 한다.

6) 발행 내역, 보관 내역, 결제 내역

발행 내역, 보관 내역, 결제 내역은 금융기관 홈페이지에서 실시간으로 조회할 수 있다.

4 │ 약속어음 부도와 조치 사항

1) 부도가 나면?

약속어음이 최종 부도가 나면 부도를 낸 발행인에게는 다음의 결과가 일어난다.

- 거래은행과 당좌거래 등이 해지된다.
- 국내의 전 가맹은행과 만 2년간 당좌거래가 정지된다.

> **당좌거래**
> 은행과 당좌거래를 개설하고 당좌예금 계좌가 있어야 당좌수표, 약속어음, 전자어음을 발행할 수 있다. 은행에서는 발행인의 당좌예금 계좌에서 당좌수표, 약속어음, 전자어음 대금을 지급한다.

2) 부도 발생 시에 조치할 사항

약속어음이 부도나면 신속히 대처하는 것이 중요하다. 부도가 났을 때 채권자(소지인)로서 조치할 사항은 다음과 같다.

- 형식 불비로 부도 처리된 경우에는 형식 불비 사항을 보정하여 재교환을 의뢰한다. 이때 재교환은 지급 제시 기간 내에 해야 한다. 지급 제시 기간 내에 형식 불비 사항을 보정하기가 어렵다면 새로운 어음으로 교환하여 받도록 한다.
- 예금 부족으로 부도난 경우에도 사무 착오에 의한 부도는 아닌지, 타 은행에 예금계좌가 있는지 등을 파악한다.
- 어음의 발행인에게 청구한다.
- 어음의 보증인·배서인에게 청구한다.
- 발행인·보증인·배서인이 법인인 경우는 개인연대보증을 요청한다.
- 발행인·보증인·배서인의 재산을 조사하고 재고 자산과 채권에 대해서는 양도를 요청한다.
- 발행인·보증인·배서인의 재산은 가압류하고, 집행권원을 얻어 강제집행을 하는 법 조치 절차를 진행한다.
- 지급 거절(부도) 사실을 바로 앞 배서인에게 통지해야 한다. 최

종 소지인의 전 배서인에 대한 통지는 지급 거절일(부도일)로부터 4일 이내에 해야 하고, 전 배서인은 그 전 배서인에게 통지 받은 날로부터 2일 이내에 통지해야 한다. 통지하지 않은 경우에도 배서인에 대한 상환청구권은 상실되지 않는다. 다만 통지하지 않아 전 배서인에게 손해가 발생한 경우에는 어음 금액을 넘지 않는 범위 내에서 배상해야 할 수도 있다.

3) 피사취 부도 시 조치 사항

수취인이 발행인에게 어음 수수의 원인이 된 계약상의 의무를 이행하지 아니하거나 계약상의 하자가 있는 경우에 발행인이 그 사유를 들어 어음 대금 지급을 거절하는 것을 말한다. 어음은 수취하고 계약상 납품하기로 되어 있는 물품을 납품하지 않은 때에 발행인이 그 사유로 어음금 지급을 거절하는 경우 등이 여기에 해당한다.

그러나 최종 소지인이 수취인(어음을 처음 받은 사람)이 아닌 제3자인 경우에는 어음 대금 청구 소송을 하게 되면 대부분 최종 소지인이 승소한다.

발행인이 피사취 부도를 내기 위해서는 어음이 지급 제시되기 전에 미리 지급 은행에 피사취를 사유로 사고 신고를 해야 하며, 어음 금액만큼의 사고 신고 담보금을 지급 은행의 별단 예금에 예치시켜야 한다. 사고 신고 담보금은 소지인이 어음 대금 청구 소송 등 적절한 조치를 하지 않은 채 6개월이 경과하면 발행인이 회수할 수 있다.

따라서 최종 소지인으로서는 지급 기일로부터 6개월 이내에 어음 대금 청구 소송(지급명령신청으로 하여도 됨)을 제기하고, 지급 은행에 소제기증명원을 제출하여 사고 신고 담보금의 지급 정지를 요청해야 한다. 그리고 어음 대금 청구 소송에서 승소하면 판결문을 지급 은행에 제시하고 사고 신고 담보금을 회수하면 된다.

5 | 전자결제와 주의 사항

융통어음의 연쇄 부도 등 어음의 폐해로 어음을 유통을 줄이기 위한 노력이 이루어져왔다. 그리고 많은 업무가 인터넷 환경에서 이루어지고 있는 요즈음, 상거래에서도 전자거래와 전자결제 방식으로 거래와 결제가 많이 이루어지고 있다. 전자결제 방식은 결제 방식(금융 상품)과 금융기관에 따라 차이가 있다.

따라서 영업이나 채권 회수 업무를 할 때 결제 방식(금융상품)별로 어떠한 절차에 따라 결제가 이루어지는지, 결제받을 때 유의해야 할 사항은 무엇인지 숙지하는 것이 중요하다.

전자결제 방식은 금융기관별로도 다양하고 내용 면에서도 차이가 있는데, 여기서는 시중은행에서 많이 유통되는 몇 가지 대표적 유형을 설명하려 한다.

(주)청수의 거래처와 (주)구매는 5년 정도 거래하고 있다. 3년 전 3월에 (주)구매에서는 대금 지급 방식을 전자방식 외상매출채권 담보대출 방식으로 바꾸었고, 그에 따라 대금 결제를 받아야 한다고 통보했다.

(주)청수에서는 최근까지 변제 기일이 도래하기 전에 금융기관으로부터 전자방식 외상매출채권 담보대출 방식으로 대출을 받아 자금을 융통하였고, 금융기관은 변제 기일에 (주)구매로부터 대출금을 회수하였다. 그런데 지난달에 (주)구매가 지급 불능이 되었고, 그 시점에 (주)청수에는 (주)구매가 발행한 전자방식 외상매출채권을 담보로 대출받은 2억 원이 있었다. 금융기관에서는 그 2억 원을 상환하라고 (주)청수에 통보했다. 2억 원의 우발채무가 발생한 것이다.

(주)청수에서는 어떻게 하면 우발채무 발생을 예방할 수 있었을까?

(주)청수에서는 전자방식 외상매출채권 담보대출이라는 전자결제 방식이 어떠한 것인지 이해하고, (주)구매가 변제 기일에 금융기관에 변제하지 못하면 (주)청수에 상환 의무가 발생하는지 확인하고 그에 따라 관리해야 했다.

1) 전자방식 외상매출채권 담보대출

❶ 전자방식 외상매출채권 담보대출이란?

구매업체와 은행이 납품 대금 지급 대행 계약을 체결하고, 은행에서 정해진 만기일에 판매 기업에 대금을 지급하는 시스템이다. 판매 기업은 은행으로부터 만기일에 대금을 지급받을 수 있고 만기 전에도 은행으로부터 외상매출채권을 담보로 대출을 받아 납품 대금을 조기에 현금으로 회수할 수도 있다. 대출금은 만기일에 구매 기업이 상환한다. 이와 유사한 제도로 전자채권이 있다.

❷ 이점과 유의 사항

- 구매 기업 : 어음 발행에 따른 위험을 줄이고 관리 비용을 절감할 수 있다.
- 판매 기업 : 만기일 전에 자금 활용이 가능하고, 대출 시에 구매 기업의 신용도에 의해 낮은 대출 금리를 적용받는다.
- 유의 사항 : 상환청구권 방식의 경우, 구매 기업이 지급 불능이 되는 경우 판매 기업에 환매 의무가 발생할 수 있다. 따라서 대출금에 대한 지급(환매) 책임이 부과되는지 등에 대해 은행과의 계약 조건을 잘 확인해보고 관리해야 한다.

❸ 대출 금액 및 상환 방법

- 대출 금액 : 판매 기업이 발행한 세금계산서 금액 범위 내(최근 1년간 매출액의 1/4 내)

- 상환 방법 : 채권 만기일에 구매 기업이 상환

◆ 업무 흐름도 ◆

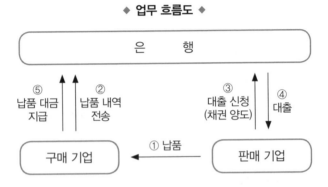

환매 의무

매도한 물건, 증권, 채권 등을 다시 매수해야 하는 의무를 의미한다.

대부분의 전자결제는 구매 업체에서 받을 채권을 납품 업체가 은행에 매각하는 방법으로 운영된다. 환매 의무가 있는 전자결제는 구매 업체가 은행에 채권 대금을 지급하지 못하면 납품 업체에서 은행으로부터 채권을 다시 매수해야 한다. 상환청구권이 있는 전자채권은 납품 업체가 환매 의무를 부담한다. 따라서 전자결제를 받을 때는 상환청구권이 있어서 환매 의무를 부담하는 전자결제 방식인지 확인하고 그에 맞게 관리해야 한다.

2) 구매론

❶ 구매론이란?

구매 업체와 은행이 대금 지급 업무 처리 계약을 체결하고 판매 기업에 지급할 물품 대금이나 용역 대금을 은행에서 지급하는 방식의 전자결제 방식이다.

구매 기업이 은행에 구매 내역을 전송하고 은행에서는 정해진 기일에 납품 업체에 대금을 지급한다. 판매 기업은 만기일 이전에 할인할(대출받을) 수 있다.

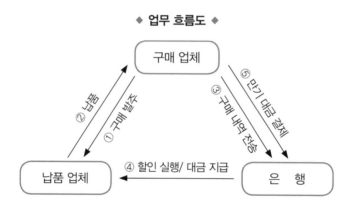

◆ 업무 흐름도 ◆

❷ 업무 흐름

• 구매 업체가 은행과 납품 대금 지급 업무 처리 계약을 체결한다.
• 납품 업체가 구매 업체에 물품·용역을 납품하고, 구매 업체가

은행에 구매 내역을 전송한다.

- 납품 업체는 만기일에 대금을 받을 수도 있고, 만기일 전에라도 할인(대출)을 받아 회수할 수 있다.
- 약정된 만기일에 구매 업체가 은행에 대금을 결제한다.

❸ 이점과 유의 사항

- 구매 업체 : 납품 대금 지급 업무가 간편해지면서 비용 절감과 업무 효율화를 기할 수 있다.
- 납품 업체 : 바로 할인하여 현금화할 수 있어 자금 조달이 유리하고, 수금 업무가 간편하여져 업무의 효율화를 기할 수 있다.
- 유의할 사항 : 할인료(대출 금리)는 구매 기업의 신용도에 따라 차등 적용된다.

3) 기업 구매 자금 대출

❶ 기업 구매 자금 대출이란?

구매 기업이 물품 대금을 어음으로 지급하는 대신 거래 은행에서 자금을 대출받아 납품 업체에 현금으로 지급하는 결제 방식이다. 대출 이자는 구매 기업이 부담한다.

구매 기업이 은행으로부터 기업 구매 자금 대출을 받을 때 신용보증기금 등 보증기관의 지급보증 조건으로 대출이 되는 경우와 그렇지 않은 경우가 있다.

❷ 이점

은행은 대출 이자를 확보하고, 납품 업체는 현금으로 납품 대금을 수령하며, 구매 업체는 비교적 저리의 이자로 대출을 받을 수 있다는 장점이 있다.

◆ **기업 구매 자금 대출 취급 절차** ◆

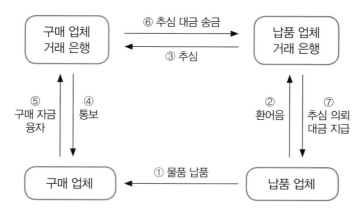

5장

계수관리 · 회수 기법

1 | 매출채권 회전율과 회전일수 관리

1) 매출채권 회전율

매출채권 회전율은 전년도와 비교하여 증가 추세여야 하며, 동종 업계 평균보다 높아야 한다.

- 매출채권 회전율 $= \dfrac{\text{매출액}}{(\text{기초매출채권} + \text{기말매출채권})/2}$

2) 매출채권 회전일수

매출채권 회전일수는 전년도에 비해 감소 추세여야 하며, 동종 업계 평균보다 짧아야 한다.

❶ 평균법에 의한 매출채권 회전일수

- $\dfrac{\text{평균 매출 채권}}{\text{연간 매출액}} \times 365(\text{일})$

- $\dfrac{\text{평균 매출 채권}}{\text{반기 매출액}} \times 180{\sim}183(\text{일})$

- $\dfrac{\text{평균 매출 채권}}{\text{분기 매출액}} \times 90{\sim}92(\text{일})$

❷ 감산법에 의한 매출채권 회전일수

현재의 매출채권 잔액을 현재부터 역산하여 어느 기간 동안 매출한 금액이 남아 있는지로 산정한다.

금년 8월 말 매출채권 잔액 100억

금년 8월 매출 70억, 금년 7월 매출 60억일 경우

매출채권 회전일수 = 31일(8월의 일수) + (30억/60억×31일) = 46.5(일)

❸ DSO(Day's Sales Outstanding)

외국계 회사에서 활용하는 방법으로, 계산 결과는 평균법에 의한 매출채권 회전일수와 같다.

매출채권 회전일수 = 매출채권/1일 평균 매출액

2 | 매출채권
기간별 연령 분석

매출채권은 아래 양식에 의하여 기간별 연령 분석을 하여 관리한다. 양식에 있는 기간은 회사의 특성에 따라 기간을 달리하여 관리할 수 있다.

연체가 3개월 이상 된 채권에 대해서는 아래 양식에 의해 연체 원인을 분석하고, 회수 대책을 수립하여 관리해야 한다. 회수 대책을 수립할 때는 거래처 지급 능력, 자금 동원 능력, 사회적 역량, 대표자의 경력. 인품, 지급 의사와 채권 확보의 정도, 협조도 등을 고려한다.

기간별 매출채권 현황

구분		금액								채권 회전 일수
		계	1개월 이내	1~3 개월 연체	3~6 개월 연체	6~9 개월 연체	9~12 개월 연체	1년 이상 연체	사고 채권	
거래처명	외상 매출금 받을 어음									
	소계									
	…									
	합계									

장기 채권

거래처	금액			원인					대책
	장기 채권	사고 채권	계	부도	자금 악화	claim	연체	기타	

3 | 여신한도의 설정과 관리

1) 여신한도

여신한도란 거래처에 외상으로 매출할 수 있는 매출채권(외상 매출금+받을 어음)의 최고 한도액을 말한다.

여신한도를 설정하여 관리함으로써 대손을 최소화하고, 장기적으로는 거래처의 지급 능력을 향상할 수 있다. 여신한도를 정하여 거래하면 매출액이 줄어든다고 오해하는 경향이 있는데, 실제 운영 사례를 보면 장기적으로는 매출액도 증가하는 경우가 많다.

여신한도 내에서 신속한 의사결정을 내릴 수 있으므로 업무의 효율성을 기할 수 있고, 거래처와 체계적인 거래가 가능하므로 매출액도 증가한다.

제조업의 경우라면 여신한도 관리는 생산과 연계한 ERP 시스템의 중추적 기능이 되기도 한다. 여신한도와 ERP 시스템의 프로세

스를 나타내면 다음과 같다.

여신한도 → 영업의 조정 → 생산 지시(제품 재고 고려) → 자재 구매 자동
발주(재고 고려) → 자재 입고 → 생산 → 출하

따라서 장기적으로는 기업의 여신한도 관리가 ERP 시스템의 중
추적 역할을 하게 된다.

2) 여신한도 설정 방법

여신한도 설정 방법은 영업 환경이나 기업 환경에 따라 다르다.
여기서는 국내 기업에서 많이 활용하는 방법 몇 가지를 정리해본다.

❶ 여신한도 설정 방법 1

구분	여신한도액	비고
담보한도	• 담보 평가 대비 100% 이내 운영	
신용한도	• 거래의 특성 및 영업 환경의 필요성에 의하여 운영 • 신용평가에 의하여 한도액 차등	• 신용평가에 의한 거래처 분류에 따라 차등 운영

• 담보한도 내에서만 여신한도를 운영하기도 하고, 담보한도와

신용한도의 합계 내에서 운영하기도 한다. 담보 없이 신용거래 만 하는 때에는 신용한도만으로 운영하기도 한다.

• 우량한 회사의 타수 어음을 수령하는 경우에는 담보한도 + 타 수 어음한도 + 신용한도로 운영하기도 한다.

• 이러한 운영 방법 중 어떠한 것을 적용하느냐는 업종의 영업 환경에 따른다. 판매 경쟁이 심하지 않은 업종의 경우에는 담 보 한도 내에서만 운영할 수 있고, 판매 경쟁이 심하면 신용한 도만으로 운영해야 할 경우도 있다.

❷ 여신한도 설정 방법 2

앞에서 설명한 방법 외에도 거래처의 신용 정도와 담보 확보 정 도에 따라 여신한도를 차등하여 운영하는 방법이 있다.

매출채권 회전일수 차등 운영

거래처의 신용 정도 또는 담보 확보 정도에 따라 매출채권 회 전일수를 차등하여 운영한다. A등급 90일, B등급 70일, C등급 40일, D등급 이하는 현금 등으로 운영할 수 있다.

직전 매출액 기준 차등 운영

거래처의 신용 정도에 따라 직전 연도나 직전 달의 매출액에 비해 당년 또는 당월의 여신한도액을 차등 운영한다.

예를 들어, 직전 달 기준으로 운영한다면 A등급은 직전 달의 매출액×1.5배, B등급은 직전 달의 매출액×1.2배, C등급은 직전 달의 매출액×0.9배, D등급 이하는 현금 등으로 운영할 수 있다.

직전 채권 회수 금액을 기준으로 차등 운영

거래처의 신용 정도에 따라 직전 달의 매출채권 회수 금액에 비하여 당월의 여신한도액을 차등 운영한다.

예를 들어, 직전 달 기준으로 운영한다면 A등급은 직전 달의 매출채권 회수 금액×1.5배, B등급은 직전 달의 매출채권 회수 금액×1.2배, C등급은 직전 달의 매출채권 회수 금액×0.9배, D등급 이하는 현금 등으로 운영할 수 있다.

4 | 채권 회수의 중요성

채권 회수에 성공하느냐, 실패하느냐에 따라 기업의 성패가 좌우되는 경우를 자주 보게 된다. 어떠한 경우에는 기업이 순이익을 내도 채권 회수에 실패하여 흑자도산이 되기도 한다. 도산한 회사 중 25% 정도가 흑자도산이라는 통계도 있다.

1) 채권 회수에 성공하는 기업과 실패하는 기업

기업을 운영하는 데 있어 운영자금은 사람의 혈액과 같은 것이다. 혈액 없이는 사람이 살 수 없듯이, 기업은 운영자금 없이는 유지될 수 없다.

기업에서 운영자금의 원천 중에 가장 큰 비중을 차지하는 것이 채권 회수다. 채권 회수가 잘되면 그 기업은 채권의 감소 → 운전자금의 풍부 → 영업의 활성화 → 수익 창출 → 성장 기업의 길을

갈 수 있다.

반면에 채권 회수에 실패하는 기업은 채권 규모의 증가 → 운전 자금의 부족 → 자금 조달의 제한 → 무리한 자금 조달 → 자금 조 달 비용의 증가 → 대손의 증가 → 자금경색 → 무리한 판매 활동의 악순환을 반복하게 된다.

2) 채권 회수의 마인드

❶ 채권을 반드시 회수하겠다는 의지를 갖는다

채권을 회수할 때는 마음가짐이 중요하다. 채무자도 회수 의지 가 강한 채권자에게 먼저 갚고 회수 의지가 약한 채권자에게는 최 대한 미루고자 한다. 그중 어떤 채권자가 되느냐는 우리의 마음가 짐에 달려 있다.

❷ 채무자와의 협상·독촉 등은 명확하게 해야 한다

채무자와의 협상에서는 언제 얼마를 지급할 것인지 명확하게 약 속을 받아야 한다. 또 협상 내용대로 지급되지 않으면 우리가 취할 행동에 대하여도 분명히 전달한다. 그리고 실제로 협상한 내용대로 지급이 이루어지지 않으면 전달한 내용과 같이 조치한다. 그래야 채무자도 채권자의 의사를 알고 채무 지급 의지를 갖게 될 것이다.

❸ 거래처 부실화는 즉시 보고한다

영업 사원은 채무자가 부도나 부실화 가능성이 있다면 즉시 회사에 알려야 한다. 회사 내부적으로도 규정 등에 체계적 보고 체계를 갖추어야 한다.

채무자가 부실화 가능성이 있는데도 보고하지 않고 혼자 시간만 끌다가 부실화되는 사례가 많다. 거래처가 부실화되고 나서도 한참 후에나 보고하는 경우도 흔한데, 그때는 이미 대처 방법이 없거나 제한적인 경우가 대부분이다.

거래처가 부실화할 가능성이 있다면 회사의 규정이나 기준에 의하여 일정 시간 안에 보고하고 회수 대책을 수립하여 회수 활동을 해야 한다. 그래야 회수 가능성을 그만큼 높일 수 있다.

❹ 부실채권의 역승수 효과를 항상 고려한다

채권이 부실화하면 그것을 보전하기 위해서 상당한 매출을 추가로 올려야 할 텐데, 이를 부실채권의 역승수 효과라고 한다.

제조업에서 1억 원의 채권이 부실화되면 이를 만회하기 위하여 33억 원의 매출을 더 올려야 한다고 본다. 국내 제조업의 평균 매출액 대비 순이익율이 3% 정도이기 때문이다.

그러므로 항상 역승수 효과를 항상 염두에 두고 업무에 임해야 한다.

3) 흑자도산이란?

　기업의 경영 활동에서 이익이 발생하는 상태인데도 운전자본 관리를 소홀히 하면 현금흐름이 부족해질 가능성이 있는데, 이 부족분을 해소하지 못하면 기업은 흑자도산을 초래하게 된다.

　이익을 내더라도 현금 유출이 현금 유입과 이익을 더한 것보다 크다면 현금흐름은 마이너스가 된다. 이러한 현금흐름이 몇 년간 계속된다면 이익을 내더라도 현금이 부족해져서 도산할 수도 있다.

　기업에서 현금흐름의 중요한 부분을 차지하고 있는 것이 매출채권의 증감, 매입채무의 증감, 재고자산의 증감이다. 이 중에서도 매출채권의 증감은 현금흐름의 가장 중요한 위치를 차지하고 있다.

　이것으로 보아도 매출채권의 회수 활동이 기업 경영에서 차지하는 중요성이 얼마나 큰지 알 수 있다.

사례

　다음의 (주)그린의 손익과 현금흐름을 가지고 흑자도산의 과정을 설명하려 한다.

손익과 운전자본

(단위 : 억원)

	1년차	2년차	3년차	4년차
매출액	160	220	310	430
비용	140	180	250	350
(중 감가상각비)	30	20	10	5
이익	20	40	60	80
매출채권 증감	10	20	30	50
재고자산 증감	20	35	50	80
매입채무 증감	10	20	30	35
운전자본 증감	20	35	50	95

현금흐름

(단위 : 억원)

	1년차	2년차	3년차	4년차
현금 유입				
이익	20	40	60	80
감가상각비	30	20	10	5
매입채무 증감	10	20	30	35
당좌 차월 한도	–	–	–	10
합계	60	80	100	130
현금 유출				
매출채권 증감	10	20	30	50
재고자산 증감	20	35	50	80
차입금 상환	20	35	40	35
합계	50	90	120	165
순현금흐름	10	-10	-20	-35

　(주)그린은 1년차부터 4년차까지 계속 이익을 내고 있으며 이익
이 매년 20억씩 증가하고 있다. 그리고 유동자산에서 유동부채를

뺀 결과치인 운전자본도 증가하는 것으로 나타나 있다.

그런데 과연 현금흐름도 증가 추세에 있는 것인가? 현금흐름에서 (주)그린의 현금 유입에 기여하는 것은 이익, 비용 중 현금 유출이 되지 않는 감가상각비, 매입채무의 증가(매입채무의 증가는 그만큼 현금 지급이 안 되고 현금이 회사에 남아 있는 것을 의미함), 자동 대출이 가능한 당좌 차월 한도 등이다.

그리고 현금 유출을 초래하는 것은 매출채권의 증가, 재고자산의 증가(매출채권·재고자산의 증가는 그만큼 현금 유입에 기여하지 못하고 현금이 줄어드는 것을 의미함), 차입금 상환 등이다.

위의 현금흐름에서 보면 1년차 외에는 2년차부터 현금흐름이 마이너스를 기록하고 있고 현금흐름의 악화 추세도 증가하고 있다.

(주)그린의 경우 계속 이익을 내고 운전자금도 증가하고 있지만, 현금흐름은 2년차부터 계속 마이너스를 기록하고 있다. 이러한 추세로 간다면 (주)그린은 이익은 내면서도 현금흐름의 부족으로 도산의 길을 걸을 수도 있다.

5 | 채권 회수는 이렇게 한다

채권 회수는 체계적으로 하여야 회수 목표를 효과적으로 달성할 수 있다.

채권 회수 활동을 하는 목적은 채권을 회수하든가, 채무자가 채무를 변제하려는 의지를 갖도록 하는 데 있다. 둘 중의 하나도 이루지 못하면, 회수 활동이 아니라 업무 손실에 불과하다.

여기서는 회수 목표를 효과적으로 달성할 수 있는 채무자 심리를 활용한 회수 기법과 전화 통화에 대하여 알아보고자 한다.

1) 채권 회수 절차

채권 회수 목표를 효과적으로 달성하기 위하여는 체계적인 절차에 의하여 회수 활동을 해야 한다. 회수 활동이 산만하게 되어서는 회수 목표를 효과적으로 달성할 수 없다.

채권 회수는 다음과 같은 절차에 따라 이루어진다. 채무자가 갚기로 한 날(변제 기일)의 3~7일 전쯤에 전화 통화를 해보는 것이 좋다. 이때는 주로 해피콜(Happy-Call) 방식으로 통화하며, 전화 중에 "변제 기일에 송금을 잘 부탁합니다"라는 등의 말을 하면 된다.

변제 기일이 되면 반드시 변제 청구를 한다. 변제 기일에 청구하였는데 이때 변제가 되지 않으면 다음 변제 기일을 약속받는다. 그리고 다음 기일이 되면 그 날짜에 반드시 변제 청구를 해야 하며, 이러한 절차를 회수될 때까지 반복한다.

채권 회수 절차에서 채권이나 물건 양도 등 임의 회수를 활용하는 것도 좋은 방법이다.

위와 같은 정상 절차에 의하여 회수 가능성이 없고 회수 진행이 잘 안 되면 간접강제의 방법을 활용한다. 간접강제의 방법으로는 채무자 방문, 최고장에 의한 변제 독촉 등이 있다. 최고장에는 일정한 기간 내에 변제할 것을 기재하고 일정한 기간 내에 변제하지 않으면 법 조치 등 어떠한 조치를 할 것인지 명기한다.

최고장에 의해 독촉하였을 때 채무자가 협상을 요청하면 그에 응하여 회수 활동을 한다. 그리고 독촉하였는데도 일정한 기간까지 채무자의 반응이 없다면 최고장에 기재한 대로 가압류 등 보전 조치를 한다.

가압류 등 보전 조치를 하였는데도 채무자의 반응이 없으면 민사소송 제기, 지급명령 신청 등을 하여 집행권원을 획득한다. 집행권원을 획득하였는데도 채무를 변제하지 않으면 강제경매 신청, 채권 압류 및 추심명령이나 전부명령 등 강제집행의 절차를 밟는다. 그리고 필요에 따라 채무불이행자 명부 등재 신청과 재산명시 신청을 활용한다.

채권은 방치해서는 안 된다. 적기에 위와 같은 절차를 밟는다면 채무자를 협상 테이블로 끌어낼 수 있을 것이다.

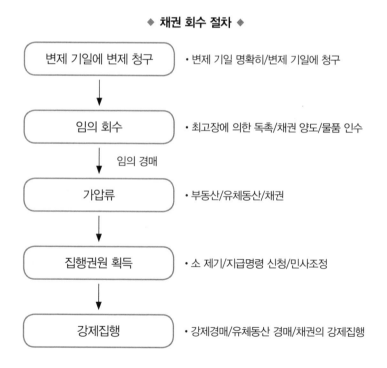

◆ 채권 회수 절차 ◆

| 변제 기일에 변제 청구 | • 변제 기일 명확히/변제 기일에 청구 |

↓

| 임의 회수 | • 최고장에 의한 독촉/채권 양도/물품 인수 |

임의 경매 ↓

| 가압류 | • 부동산/유체동산/채권 |

↓

| 집행권원 획득 | • 소 제기/지급명령 신청/민사조정 |

↓

| 강제집행 | • 강제경매/유체동산 경매/채권의 강제집행 |

2) 심리 기법을 활용한 채권 회수

사례

(주)그린의 영업 사원 김영호는 거래처에 납품하자마자 바로 채권 회수 활동을 하다가는 경쟁사에 거래처를 잃을 것 같다는 생각에서 납품 후 2개월 정도 후에도 변세되지 않으면 그제야 회수 활동에 적극적으로 나서고 있다. 그런데도 영업 사원 김영호의 판매 실적은 매년 제자리걸음이었고, 부실채권은 부실채권대로 증가하고 있다.

(주)그린의 영업 사원 김영호가 부실채권을 방지하면서도 판매를 증대시킬 방안은 무엇이 있을까?

채권은 그때그때 회수 활동을 하여 채권 규모를 최소화해야 한다. 매출 채권 규모가 적다면 거래처에서도 필요에 따라 언제든 구매 요청을 할 것이고, (주)그린에서도 부실화에 대한 걱정 없이 판매할 수 있다. 이렇듯 그때그때 회수하여 채권 규모를 최소화해야 거래처와 원활한 거래 관계를 유지해나갈 수 있다.

사례에서 (주)그린의 영업 사원 김영호가 그때그때 회수 활동을 했더라면 부실채권도 예방하고 판매도 증대할 수 있었을 것이다.

❶ 채권 회수는 적기에 해야 한다

누구든 채무를 부담하는 경우에는 초기에는 채무를 갚아야겠다고 생각하다가도 시간이 흐르면 흐를수록 채무 이행에 대한 의지가 약해진다. 따라서 채권은 가능한 한 변제 기일 안에 채권을 회수해야 하며, 연체되는 경우라도 변제 기일로부터 1~2개월 내에는 회수를 완료해야 한다.

❷ 약속된 변제 기일에 반드시 변제 청구를 한다

변제 기일은 계약서 등 문서로 하든, 구두 약속을 받든 '언제, 얼마를 변제하기로' 명확한 일자를 정하여 약속을 받아야 한다.

변제 기일이 정해지면 반드시 변제 기일에 거래처를 방문하거나 전화하여 변제 요청을 해야 한다. 변제 기일에 송금(입금)이 되지 않았다든지 하면, 반드시 변제 기일(변제 약정일)에 거래처에 변제 청구를 해야 한다.

❸ 변제 청구를 할 때는 먼저 얘기해야 한다

채무자와 전화하거나 방문하여 채무 변제를 청구할 때는 채무자가 다른 얘기를 하기 전에 먼저 얘기해야 한다.

만약에 채권자가 채무자에게 채무 변제를 요청하기 전에 채무자가 먼저 사정을 얘기한다든가 물품이나 용역의 하자 등으로 트집을 잡는다면 채무자에게 전화하거나 채무자를 방문한 효과가 반감될 것이기 때문이다.

❹ 연장해주는 기간은 15일을 넘기지 않는다

채무자가 1차 변제 기일에 변제 약속을 지키지 못하게 되었다면 채무자는 '약속을 어겨서 미안하다'는 말과 함께 '변제 기일을 연기해달라'고 요청하게 될 것이다. 이때 연기해주는 기간이 15일이 넘어서는 안 된다. 15일을 넘기게 되면 심리적으로 채무 변제 의지가 흐려지고 채무 이행 의지가 약해진다.

심리 기법을 활용한 회수 기법은 채무 이행 의사의 긴장도(Tension)를 유지하는 것이 무엇보다도 중요하다. 따라서 변제 기일을 연장해주더라도 1차 변제 기일로부터 15일이 넘지 않게 2차 변제 기일을 정해야 한다.

이렇게 2차 변제 기일이 정하여지면 그 기일에 반드시 변제 청구를 한다. 또 3차 변제 기일이 정하여지면 동일한 방법으로 변제 청구를 한다. 이런 방법으로 회수 활동을 하면 채무자는 심리적 압박감을 갖고, 4~5회 연기되기 전까지는 연체 채권 회수가 가능해진다.

❺ 악성 채무자에게는 간접강제 방법을 활용한다

'약속을 어겨서 미안하다'든가 연장해준 것에 대하여 '배려해주어서 고맙다'는 생각을 하지 않는 자기중심적인 채무자가 더러 있다. 이런 채무자에게는 일반적인 회수 기법으로는 회수 효과를 기대하기 어려울 수 있다.

이런 경우, 통화 시간과 관계없이 끈질기게 채무 변제 의사를 갖도록 해야 하며, 통화보다는 방문이 더 효과적일 수 있다. 통화나 방문은 일반 채무자와는 달리 가능하다면 수시로 끈질기게 해야 한다.

간접적으로 강제하는 또 다른 방법은 최고장을 통하여 독촉하는 방법이다. 최고장에는 일정한 기간을 주어 채무를 이행하도록 하고, 그 기간 내에 이행하지 않게 되면 가압류 등 법적 조치를 할 것을 명기한다. 그리고 그 기간 내에 채무자의 반응이 없으면 최고장에 명기한 대로 가압류 등 법적 조치를 해야 한다. 그래야 채무자를 협상 테이블로 끌어낼 수 있다.

확정판결, 확정된 지급명령 등 집행권원이 확보되었다면 강제집행, 재산명시 신청, 채무불이행자 명부 등재 신청을 활용하여 채권을 회수한다.

3) 전화 통화 기법

채권 회수는 많은 경우에는 전화 통화를 통하여 이루어진다. 통화를 할 때는 합리적·이성적인 자세로 통화한다. 큰 목소리보다 작은 목소리가 더 설득력이 있을 수도 있다.

변제 청구는 단도직입적으로 한다. "8월 16일에 공급한 물품 대금 _____원은 언제 지급이 되겠습니까?"라는 식으로, 절대 머뭇거려서는 안 된다.

그 후 상대방이 사정을 얘기하면 빨리 지급하는 것이 결국 이익임을 설득하고 그 방법에 대해 조언해줄 수도 있다.

어떠한 방법으로 통화할 것인지 정리해놓고, 어떻게 해야 채무자에게 지급할 의사를 갖게 할 수 있을지 염두에 두고 통화한다. 통화하기 전에 언급할 목록을 준비하고 채무자의 의중을 예상해본다.

약속이나 협상 내용은 반드시 메모해두어야 한다. 통화 중 절대 다투어서는 안 된다. 채권을 회수하는 것은 논쟁의 대상이 아니다. 채권은 당연히 회수할 권리가 있는 것임을 설득력 있게 전달해야 한다.

통화 시간은 상황에 따라 조절한다. 채무자가 충분히 지불 의사가 있다면 짧게 통화하는 게 좋다. 채무자의 지불 의사가 분명하지 않은 경우에는 통화가 다소 길어지더라도 끈질기게 설득할 필요가 있다. 단, 논쟁으로 흐를 염려가 있는 경우에는 통화를 가능한 한 빨리 마무리하는 것이 좋다.

통화의 목적은 채무 변제를 받는 것 또는 채무 변제 약속을 받는 것이다. 이런 목적을 달성하지 못했다면 통화의 의미가 없다. 그러므로 통화는 상당한 준비가 필요함을 다시 한번 명심하자.

6장

임의 회수의 활용

1 | 최고장에 의한 독촉

채무자가 채권자의 여러 차례의 전화 통화나 방문에 의한 독촉에도 불구하고 채무를 변제하지 않을 때에는 최고장에 의한 독촉 방법을 활용한다. 이러한 방법은 채무자에게 심리적 부담을 주는 효과도 있고, 채무자에게 법적 조치에 들어가기 전에 임의 변제를 촉구하는 의미가 있다.

1) 최고장 발송에 의한 독촉이란?

채권자의 채무자에게 전화 통화나 방문을 통하여 채권의 변제를 청구하였는데도 채무자가 변제하지 않는 경우, 채권자는 최후통첩의 의미로 최고장을 보내어 채무자에게 채무를 변제해줄 것을 독촉하게 된다.

최고장에는 변제를 독촉하는 내용 외에 변제하지 않으면 향후에 가압류, 민사소송 등 법적으로 대응할 것임을 명기한다.

이때 채무자가 지급 의사를 가지고 협상에 응하면 협상을 하면 되고, 그렇지 않고 채무자의 반응이 없으면 최고장에 명기한 대로 가압류 등 법적 조치를 실행한다.

최고장에 의한 독촉은 채무자를 심리적으로 압박하여 채무자가 지급 의사를 갖도록 하고, 후에 민사소송을 제기하는 경우 독촉한 근거로 활용할 수 있다.

2) 최고장 작성은 어떻게 하는가?

실무에서 최고장은 주로 내용증명으로 송달한다. 내용증명 우편 이란 발송인이 수취인에게 어떤 내용의 문서를 언제 발송하였는지 우편 관서에서 공적으로 증명해주는 제도다. 그 내용과 일자에 대하여 후일에 증거를 남길 필요가 있는 중요한 문서를 송달할 때 주로 이용한다. 실무에서는 채권·채무 관계의 증거를 남기거나 채무자에게 변제를 독촉하기 위해 주로 이용된다. 내용증명은 우체국에 직접 방문하여 보내도 되고, 인터넷우체국에서 송달할 수도 있다.

최고장은 최고장 또는 독촉장이라는 문언을 위에 적고 상단이나 하단의 오른쪽에 일자를 기재한다. 문서의 서두나 끝부분에 수신자와 발신자의 주소와 성명을 기재한다.

최고장의 본문에는 채권 변제기가 도래하였고 채권을 변제할 것을 수차례 독촉하였는데도 변제하지 않아 최고장을 보내니 요청한 일자까지 채권을 변제하라는 내용을 기재한다. 또 대리점 등과 같이 계속된 거래의 경우에 일정 기간 내에 채무를 이행하지 않으면 거래 관계가 종료되고, 기한의 이익이 상실된다는 사실도 명기한다. 그리고 요청한 일자까지 변제하지 않으면 가압류·민사소송·강제집행 등 법적 조치를 취할 것을 명기한다.

본문이 완성되면 맨 하단에 발신인의 성명을 쓰고 날인한다.

최고

채무 등 의무를 부담하는 사람에게 의무를 이행할 것을 요구하는 것이다. 채권자가 채무자에게 채무 변제를 독촉하는 것이 이에 해당하며, 채권자가 채무자에게 최고하면 채무자에게는 이행 지체의 의무가 생긴다.

3) 최고장에 의한 독촉의 활용

최고장을 보내는 최종적인 목적은 채권을 회수하는 것이다. 최고장을 보내고 채무자가 지급 의사를 갖고 협상을 요청하면, 협상을 거쳐 채권을 회수하면 된다. 최고장을 보냈는데도 정해진 기간 내에 채무자의 반응이 없다면 최고장에 명기한 대로 가압류 등 법적

채무 이행에 대한 최고

귀사의 일익 번창함을 기원합니다.

　당사에서 귀사에 20__년 __월 __일에 납품한 컴퓨터 대금 23,000,000원과 이에 대한 연체 이자 10%가 변제 기일이 1개월이 지난 현재까지 지급되지 않고 있습니다.

　당사에서는 수차례에 거쳐 귀사에 변제 독촉을 하였음에도 불구하고 변제되지 않고 있고, 근래에 들어서는 답변조차 없어 매우 유감으로 생각합니다.

　상기한 컴퓨터 대금을 20__년 __월 __일까지 계좌번호(_____ : ○○은행)로 송금하여주시기 바라며, 이 기간 내에 송금되지 않을 때는 당사에서는 부득이 귀사를 상대로 가압류, 민사소송, 강제집행 등 법적인 조치를 할 수밖에 없음을 양지해주시기 바랍니다.

20__년 __월 __일

　　　수신인 : 경기도 ○○시 ○○동 ○○○번지
　　　　　　　○○주식회사 대표이사 ○○○ (인)
　　　발신인 : 서울시 ○○구 ○○동 ○○번지
　　　　　　　○○주식회사 대표이사 ○○○ (인)

조치를 취해야 한다. 만약 채무자의 반응이 없는데도 아무런 조치도 취하지 않는다면, 오히려 채무자에게 약점만 잡힐 수 있다. 즉, 최고장을 보낸 의미가 없는 것이다.

　최고장에 대한 채무자의 반응이 없을 때 최고장에 명기한 대로 법적 조치를 취해야 채무자도 채권자의 채권 회수 의지를 알고 채권자가 포기하지 않을 것을 깨닫는다. 다시 말해 채무자가 채무를 변제하지 않으면 안 된다는 사실을 알게 된다. 결국 채무자는 협상에 임하게 될 것이고, 채권자는 채무자와 협상을 거쳐 채권을 회수할 수 있을 것이다.

채권 회수 기법의 핵심은 채무자가 채무를 변제하지 않으면 안 된다는 것을 깨닫고 변제 의지를 갖도록 하는 것이다.

내용증명으로 발송한 최고장은 향후 민사소송을 진행할 때 채무자에게 변제를 독촉한 입증 자료로 활용할 수 있다. 내용증명은 우체국에 3년간 보관하므로, 3년까지는 발송 우체국에서 내용증명의 열람이나 증명을 발급받을 수 있다. 한편, 내용증명은 내용 문서에 확정일자를 부여하는 효력이 있다.

2 | 채권 양도를 활용한 채권 회수

채무자가 부실화 징후를 보인다든지 채무자의 변제력이 부족한 경우에는 채무자가 변제력이 괜찮은 제3채무자에게서 받을 채권을 양도받으면 채권 회수에 도움이 될 것이다.

채권은 신속하게 양도받는 것이 유리하다. 이미 채무자의 제3채무자에 대한 채권에 제3채권자의 압류나 가압류가 되어 있으면 그 채권자에게는 채권 양도를 가지고 대항할 수 없기 때문이다.

채권을 양도받게 되면 채권의 동일성을 유지하면서 채권을 이전받을 수 있다. 다시 말하면 채무자의 채권이 채권자가 제3채무자로부터 받을 채권이 되는 것이다.

채무자의 채권을 양도받게 되면 채권을 하나 더 확보하는 효과도 있다. 채무 변제를(담보하기) 위하여 채무자가 채권을 양도받았다면, 채권자는 채무자와 제3채무자 누구로부터도 채권을 회수할 권리가 있기 때문이다.

1) 채권을 양도받는 방법

채권을 양도받으려면 양수인(채권자)과 양도인(채무자) 간에 채권양도계약을 체결하고 제3채무자가 이를 승낙하는 방법, 양수인(채권자)과 양도인(채무자) 간에 채권양도계약을 체결하고 양도인(채무자)이 제3채무자에게 채권 양도 통지를 하는 방법이 있다.

이때 채권 양도 승낙이나 채권 양도 통지는 확정일자가 있는 문서로 하여야 제3자에게 대항할 수 있으므로, 꼭 확정일자가 있는 문서로 한다. 채권 양도 승낙은 공증사무소 또는 법원에서 확정일자를 부여받고, 채권 양도 통지는 내용증명 우편으로 보내면 된다.

확정일자가 있는 문서로 제3채무자의 채권 양도 승낙을 받는 것

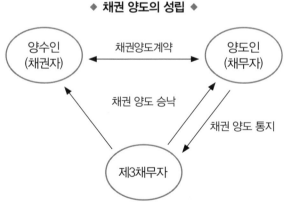

◆ 채권 양도의 성립 ◆

- 채권양도계약 + 채권 양도 승낙(확정일자 있는 문서)
- 채권양도계약 + 채권 양도 통지(확정일자 있는 문서)

이 확정일자가 있는 문서로 채권 양도 통지를 하는 것보다 유리하다. 채권 양도 통지로 채권을 양도받을 때에는 제3채무자가 채권의 불성립, 채권 미존속, 변제 완료, 상계 등을 주장하는 경우가 발생할 수도 있기 때문이다.

채권양도계약서

양수인(채권자) ○○○와 양도인(채무자) ○○○은 다음과 같이 채권 양도 계약을 체결한다.

제1조 (양도 채권)
양도인(채무자)이 20__년 __월 __일 자 물품 매매 계약에 의하여 제3채무자 ○○○에게 가지고 있는 물품 대금 채권 중 금20,000,000원

제2조 (채권 양도)
양도인(채무자)이 양수인(채권자)에 대하여 현재 부담하고 있는 채무 금 20,000,000원의 변제를 위하여 위 제1조에 표시된 채권을 양도인(채무자)은 양수인(채권자)에게 양도한다.

제3조 (양도 승낙)
양도인(채무자)은 즉시 제3채무자로부터 확정일자 있는 증서로 채권 양도 승낙을 받아야 한다.

제4조 (담보 책임)
1. 양도인(채무자)은 제3채무자가 채권의 불성립, 채권 미존속, 변제 완료 등으로 채무자에게 대항할 사유가 없음을 보증한다.
2. 양도인(채무자)은 제3채무자에 대한 채권이 제3자에게 양도되거나 담보

로 제공되지 않았고 가압류, 압류 등 권리의 하자가 없음을 보증한다.

3. 양도인(채무자)은 제3채무자가 채무자에 대해 상계할 수 있는 반대 채권을 가지고 있지 않음을 보증한다.

제5조 (변제 충당)

양도인(채무자)은 양수인(채권자)이 제3채무자로부터 채권을 추심하여 추심에 소요된 비용, 연체이자 등을 제한 후 채무 변제에 충당하여도 이의를 제기하지 않는다.

제6조 (채권 반환)

양도인(채무자)은 양수인(채권자)에게 채무 전액의 변제를 완료한 후 제1조에 표시된 채권의 재양도를 문서로 청구할 수 있다. 이때는 이 채권양도계약과 동일한 조건으로 양수인(채권자)을 양도인으로, 양도인(채무자)을 양수인으로 하여 채권양도계약이 성립하는 것으로 한다. 단, 제3조 대신에 양수인(채권자)은 제3채무자에게 확정일자 있는 증서로 채권 양도 통지를 할 수 있다.

20__년 __월 __일

양도인 주소 :

○○○○ (주)대표이사 ○○○ (인)

양수인 주소 :

○○○○ (주)대표이사 ○○○ (인)

위 채권 양도를 이의 없이 승낙함.

제3채무자 주소 :

○○○○ (주)대표이사 ○○○ (인)

채권양도계약서

양수인(채권자) ○○○을 갑으로 하고 양도인(채무자) ○○○을 을로 하여 다음과 같이 채권양도계약을 체결한다.

제1조 (양도 채권)

양도인(채무자)이 20__년 __월 __일 자 물품 매매 계약에 의하여 제3채무자 ○○○에게 가지고 있는 물품 대금 채권 중 금 20,000,000원

제2조 (채권 양도)

양도인(채무자)이 양수인(채권자)에 대하여 현재 부담하고 있는 채무 금 20,000,000원의 변제를 위하여 위 제1조에 표시된 채권을 양도인(채무자)은 양수인(채권자)에게 양도한다.

제3조 (양도 통지)

채권 양도 통지는 양도인(채무자) 명의의 확정일자 있는 문서로 양수인(채권자)이 통지할 수 있도록 양도인(채무자)은 양수인(채권자)에게 위임한다.

제4조 (담보 책임)

1. 양도인(채무자)은 제3채무자가 양도인(채무자)에게 채권의 불성립, 채권 미존속, 변제 완료 등으로 대항할 사유가 없음을 보증하며, 제3조에 의한 통지의 효력 발생에 이를 때까지 양수인(채권자)의 권리 행사를 방해하지 않는다.
2. 양도인(채무자)은 제3채무자에 대한 채권이 제3자에게 양도되거나 담보로 제공되지 않았고 가압류, 압류 등 권리의 하자가 없음을 보증한다.
3. 양도인(채무자)은 제3채무자가 채무자에 대해 상계할 수 있는 반대 채권을 가지고 있지 않음을 보증한다.

제5조 (변제 충당)

양도인(채무자)은 양수인(채권자)이 제3채무자로부터 채권을 추심하여 추심에 소요된 비용, 연체이자 등을 제한 후 채무 변제에 충당하여도 이의를 제기하지 않는다.

제6조 (채권 반환)

양도인(채무자)은 양수인(채권자)에게 채무 전액의 변제를 완료한 후 제1조에 표시된 채권의 재양도를 문서로 청구할 수 있다. 이때는 이 채권 양도 계약과 동일한 조건으로 양수인(채권자)을 양도인으로, 양도인(채무자)을 양수인으로 하여 채권 양도 계약이 성립하는 것으로 한다.

20__년 __월 __일

양도인 주소 :

○○○○ (주)대표이사 ○○○ (인)

양수인 주소 :

○○○○ (주)대표이사 ○○○ (인)

채권양도통지

당사가 귀사에 20__년 __월 __일 자 컴퓨터 공급 계약에 의하여 20__년 __월 __일 납품 완료한 컴퓨터 대금 중 금 20,000,000원의 청구 채권을 서울시 ○○구 ○○동 ○○번지 ○○○○ 주식회사 대표이사 ○○○에게 양도하였음을 통지하오니 양수인인 ○○○○주식회사에 대금을 지급하여주시기 바랍니다.

20__년 __월 __일

수신인 : 경기도 ○○시 ○○동 ○○번지
　　　　○○○○ (주)대표이사 ○○○ (인)
발신인 : 서울시 ○○구 ○○동 ○○번지
　　　　○○○○ (주)대표이사 ○○○ (인)

2) 채권을 양도받을 시 주의할 사항

사례

올해 2월 15일 (주)청수에서는 거래처인 (주)구매의 부실화가 우려되어 (주)구매로부터 받을 채권 15,000,000원을 변제받기 위해 (주)구매가 제3채무자인 (주)초원으로부터 받을 채권 15,000,000원을 양도받았다. 올해 5월 채무 변제가 되지 않은 상태에서 (주)구매는 부도를 발생시켰다. 그래서 (주)청수에서는 (주)초원에 채무를 변제할 것을 청구하였는데, (주)초원에서는 (주)청수에 대한 채권 양도 통지를 올해 2월 25일에야 받았고 올해 2월 20일에 (주)구매의 제3채권자에 의한 채권 가압류에 따른 가압류결정문이 법원으로부터 (주)초원으로 송달되었다고 얘기하며 채권을 지불할 수 없다고 하였다.

이때는 가압류권자가 우선하므로 제3채무자인 (주)초원은 (주)청수에 지급할 수 없다(가압류권자와 (주)청수가 안분배당을 받는다).

이러한 어려움을 당하지 않기 위하여 (주)청수에서는 채권을 양도받을 때 어떻게 해야 할까?

채권을 양도받을 때 제3채무자인 (주)초원으로부터 채권 양도 승낙을 확정일자 있는 문서로 받든지, 이것이 여의치 않으면 양도인(채무자)인 (주)구매의 위임을 받아 양수인(채권자)인 (주)청수가 확정일자에 의한 채권 양도 통지를 빠른 시간에 하였더라면 이러한 상황을 예방할 수 있었을 것이다.

채권을 양도받을 때는 양도인(채무자)과 제3채무자와의 채권 발생을 입증할 수 있는 증빙(채권증서)을 확보한다. 그래야 차후에 제3채무자가 채권의 불성립, 채권 미존속 등을 주장하는 경우에 증거로 삼을 수 있다.

채권을 양도받았더라도 제3채무자에게도 채무자로부터 받을 상계할 수 있는 반대 채권(채무자의 수동채권)이 있어서 제3채무자가 상계하게 된다면 채권을 양도받은 의미가 없다.

제3채무자가 채무자로부터 받을 채권의 변제기가 채권 양도 통지일이나 채권 양도 승낙일보다 빠른 경우에는 상계가 가능하므로, 상계할 수 있는 채권이 있는지 확인해보아야 한다.

양도인(채무자)이 여러 채권자에게 채권을 2중으로 채권을 양도하거나, 양도인(채무자)의 다른 채권자에 의한 채권 가압류·압류가 있으면, 확정일자 있는 문서에 의한 채권 양도 승낙일이나 확정일자 있는 문서에 의한 채권 양도 통지를 제3채무자가 송달받은 날의 선후에 의하여 우선순위가 정해진다.

따라서 실무에서는 가능한 한 제3채무자의 확정일자 있는 문서에 의해 채권 양도 승낙을 받는 방법으로 채권을 양도받도록 하고,

여의치 않다면 확정일자에 의한 채권 양도 통지를 양수인(채권자)이 양도인(채무자)으로부터 위임받아 통지하는 방법으로 채권을 양도받아야 한다.

채권양도계약서에 "대금의 지급에 갈음하여"나 "대금 지급에 대신하여"라는 문구를 넣어서 채권 양도를 받게 되면 양도인(채무자)에 대한 원래 채무는 소멸된다. 채권양도계약서에 "대금의 지급을 위하여"라는 문구를 넣어서 채권을 양도받으면 양도인(채무자)와 제3채무자 모두에게 청구할 수 있다. 즉, 양도인(채무자)에 대한 채무도 소멸하지 않는다.

일반적으로는 "대금의 지급을 위하여"라는 문구를 넣어서 채권 양도를 받는 것이 유리하다. 다만 제3채권자에 의한 사해행위의 취소가 우려되는 경우에는 "대금의 지급에 갈음하여" 양도받는다. 사해행위의 취소 소송에서 "대금의 지급에 갈음하여"로 채권 양도를 받은 경우는 사해행위에 해당하지 않는 것으로 판결난 판례가 있기 때문이다.

3 | 물품 양수와 인수 및 유의할 점

채권 양도와 함께 임의 회수의 수단으로 많이 활용하는 것이 채무자가 소유하고 있는 물품을 양수하여 채권 변제에 충당하는 것이다.

양수받을 수 있는 물품으로는 채권자가 납품한 제품뿐 아니라 컴퓨터, 기계장치 등 다양하다.

1) 물품을 양도받는 것은 왜 효과적인가?

채무자가 부실화되면 채무자가 스스로 변제하지 않을 때는 채무자의 재산 경매 등을 통한 강제집행을 통하여 채권을 회수해야 한다. 경매 등을 통한 강제집행 절차에서는 다른 제3채권자들과 경합하는 경우가 많은데, 그럴 때는 회수액이 크지 않을뿐더러 그 절차 또한 복잡하다.

그런데 채권이나 물품을 양도받게 되면 전 금액을 채권 변제에 충당할 수 있어 실익이 크다.

따라서 거래처의 부실화 징후가 있으면 먼저 채무자와 협의하여 채권과 물품을 양수받도록 한다.

2) 물품의 양도와 인수는 어떻게 받는가?

물품을 양도받는 가장 좋은 방법은 채권자와 채무자가 물품양도계약서를 체결하는 것이다. 이때 채권양도계약서에는 양도받는 물품의 목록과 환가 방법을 명확히 해야 한다. 실무에서도 이를 등한시하여 분쟁이 야기된 사례가 많다. 예를 들어, 채권자는 A물품만 20개를 가져왔는데 채무자는 A물품 120개를 양도받아 갔다고 주장할 수 있다. 그리고 채권자는 양도받은 물품이 중고이고 가치가 별로 나가지 않는다고 주장하는 반면, 채무자는 포장도 뜯지 아니한 상태로 보관하였던 정상품이었다고 주장한다면 어느 금액만큼 변제된 것으로 보아야 하는지에 대하여 분쟁이 일어날 것이다.

소유권유보부 물품이나 계약이 해제되어 채권자 소유인 물품은 채무자(점유자)의 물품인수승락서에 의하여 물품을 인수한다. 채무자가 승락(합의)하여주지 않거나 채무자의 잠적 등으로 합의를 얻을 수 없는 경우에는 정식으로 법적 절차(점유이전금지가처분 → 물품 인도 청구 소송 → 물품 인도 집행)를 밟아서 회수해야 한다. 소유권유보부 물품이나 계약이 해제되어 채권자 소유인 물품이 이미 제3자에게 압류된 경우에는 집행정지가처분을 하고 제3자 이의의 소를 제기하여 권리를 행사해야 한다.

3) 물품을 가져올 때 유의할 점

채권을 회수한다는 생각으로 채무자나 점유자의 동의를 얻지 않고 채무자 소유 및 점유의 물품을 무단으로 회수했다가 채무자나 점유자의 형사고소로 애를 먹는 경우가 있다.

채무자 소유의 물품을 무단으로 회수하면 절도, 강도가 되며, 무단으로 주거를 침입하게 되면 주거침입죄가 된다. 양수인(채권자)은 이러한 문제가 발생하지 않도록 채무자나 점유자의 동의를 받고 물품을 가져와야 한다. 물품을 양수할 때에는 환가 금액, 환가 방법, 환가 시기에 대하여 명확히 합의해야 한다.

실무에서는 양수인(채권자)이 임의 처분하여 환가하고 환가된 금액에 한하여 변제 충당한다는 내용으로 양수받아야 한다.

물품양수도계약서

제1조

양도인 ○○○은 양도인이 양수인에 대하여 현재 부담하고 있는 채무 중 본
계약 제2조에 의하여 환가한 금액의 변제에 대신하여 다음의 물품을 양수인
○○○에게 양도한다.

품명	규격	수량	비고

제2조

양도받은 물품은 채권자가 임의 처분하여 환가하고 환가된 금액만큼만 변제
에 충당된 것으로 한다.

제3조

양수인은 제2조의 환가한 금액에 대한 증빙 사본을 환가일로부터 7일 이내
에 양도인에게 교부하는 것으로 한다.

____년 __월 __일

양도인 주소 :

　　　　　　　　○○○ (인)

양수인 주소 :

　　　　　　　　○○○ (인)

4 | 채무 인수의 활용

채무자가 채무 변제력이 없는 경우에 변제 능력이 있는 제3자에게 채무를 인수하도록 하면 채권을 제3자로부터 회수할 수 있다.

채무 인수에는 원채무자는 책임을 면하고 채무 인수인만이 채무 변제의 책임을 지는 면책적 채무 인수와 원채무자와 채무 인수인 모두 채무 변제의 책임을 부담하는 중첩적(병존적) 채무 인수가 있다.

채무 인수가 되면 채무와 채무자의 항변권이 채무 인수인에게 이전된다.

1) 면책적 채무 인수

면책적 채무 인수 계약이란 채무를 채무 인수인에게 이전하는 계약을 말한다. 면책적 채무 인수가 되면 채무 인수인만이 채무 변제의 책임을 지게 된다.

면책적 채무 인수 계약의 계약 당사자가 채권자, 채무자, 인수인이면 당연히 계약할 수 있다. 이때는 채권자, 채무자, 인수인의 3자가 계약에 참여하기 때문이다. 그러나 계약 당사자가 채권자와 인수인이면 채무자의 의사에 반하는 면책적 채무 인수 계약을 체결하지 못한다.

또 계약 당사자가 채무자와 인수인이면 채권자의 승낙을 얻으면 면책적 채무 인수가 가능하다. 이때 채권자의 승낙 없이도 채무 인수가 가능하다면 채무 인수인의 변제 능력이 원채무자보다도 취약한 경우 채권자는 불의의 손해를 감수해야 하기 때문이다.

면책적 채무 인수가 되면 채무가 채무자로부터 채무 인수인에게 이전되므로, 채무자는 채무 변제의 책임을 면하고 채무 인수인이 채무 변제 책임을 지게 된다. 그리고 채무자가 가지고 있던 항변권이 채무 인수인에게 이전한다. 그러나 이때도 채무의 발생 원인이 된 계약의 취소권, 해제권, 상계권은 이전되지 않고 원채무자가 갖는다.

면책적 채무 인수 계약서

채권자, 채무자, 채무 인수인은 다음과 같이 면책적 채무 인수 계약을 체결한다.

제1조

채무 인수인은 채무자가 채권자에 대하여 ____년 __월 __일 현재 부담하고 있는 아래 채무를 인수받아 변제할 것을 약속하고 채권자와 채무자는 이를 승낙한다.

〈 아래 〉

채권자가 채무자에게 ____년 __월 __일, 변제기 ____년 __월 __일, 지연 이자 연 10%로 하여 공급한 물품 대금 원금 35,000,000원과 지연 이자

제2조

본 계약으로 채무인수인은 제1조 아래에 명기된 채무를 부담하며 채무자는 채무를 면한다.

____년 __월 __일

채권자 : 서울시 ○○구 ○○동 ○○번지
    ○○주식회사 대표이사 ○○○ (인)
채무자 : 서울시 ○○구 ○○동 ○○번지
    ○○주식회사 대표이사 ○○○ (인)
채무 인수인 : 서울시 ○○구 ○○동 ○○번지 ○○○ (인)

2) 중첩적 채무 인수

중첩적 채무 인수 계약은 채무 인수인이 원채무자와 동일한 내용의 채무를 부담하는 것을 내용으로 하는 계약으로, 채무 인수인과 원채무자가 모두 채무 변제의 책임을 지게 된다.

중첩적 계약 인수의 계약 당사자는 채권자, 채무자, 인수인의 3인이지만, 채권자와 인수인, 채무자와 인수인 간의 계약이 모두 가능하다.

이는 원채무자와 채무 인수인이 모두 채무를 부담하게 되는 것이므로 채권자에게 불리할 것이 없기 때문이다.

실무에서는 채권자 편에서 채무 인수를 활용할 때에 중첩적 채무 인수 계약으로 하는 것이 유리하다.

중첩적 채무 인수 계약서

채권자, 채무자, 채무 인수인은 다음과 같이 채무 인수 계약을 체결한다.

제1조

채무 인수인은 채무자가 채권자에 대하여 ____년 __월 __일 현재 부담하고 있는 아래 채무를 인수받아 채무자와 연대하여 이행할 것을 약속하고, 채권자는 이를 승낙한다.

〈 아래 〉

채권자가 채무자에게 ____년 __월 __일, 변제기 ____년 __월 __일, 지연 이자 연 __%로 하여 공급한 농기계 대금 원금 17,000,000원과 지연 이자

제2조

채권자는 제1조의 채권에 대하여 채무자와 채무 인수인에 대하여 동시에, 또는 순차적으로 전부나 일부의 변제를 청구할 수 있다.

____년 __월 __일

채권자 : 서울시 ○○구 ○○동 ○○번지
○○주식회사 대표이사 ○○○ (인)
채무자 : 서울시 ○○구 ○○동 ○○번지
○○주식회사 대표이사 ○○○ (인)
채무 인수인 : 서울시 ○○구 ○○동 ○○번지 ○○○ (인)

5 | 채권뿐 아니라 채무도 있는 경우에는 상계를 활용하자

채권자가 채무자에 대하여 채권과 채무를 동시에 가지고 있는 경우에 채권 회수에 상계를 유용하게 활용할 수 있다.

상계란 채권자가 채무자에 대하여 동일한 종류의 채권과 채무를 가지고 있는 경우에 일방적인 의사 표시로 대등액에서 그 채권·채무를 소멸시키는 것을 말한다.

상계를 활용하면 간단한 절차에 의하여 채권·채무를 소멸시킬 수 있으며, 상대방의 변제 능력 여부와 관계없이 채권을 변제받는 효과를 가질 수 있다.

1) 상계의 요건

채권과 채무를 상계할 수 있으려면 채권(자동채권)과 채무(수동채권)가 상계할 수 있는 상태인 상계적상에 있어야 한다.

상계적상이란 채권자가 받을 권리가 있는 채권인 자동채권과 채무자에게 지급할 의무가 있는 채무인 수동채권이 모두 변제기에 도래한 상태를 말한다.

그러나 꼭 자동채권과 수동채권이 모두 변제기에 도래해야 하는 것은 아니다. 채권자가 받을 자동채권은 반드시 변제기가 도래해야 하지만, 수동채권은 반드시 변제기에 도래하지 않았더라도 상계는 가능하다. 즉, 상계하고자 하는 채권자는 자기가 받을 자동채권만 변제기에 도래하면 언제든 상계할 수 있다.

2) 상계 방법

상계는 채권자가 상대방에게 가지고 있는 자동채권과 채권자가 상대방에게 지급해야 할 수동채권을 상계하겠다는 일방적인 의사표시를 하는 것으로 성립한다.

상계하겠다는 의사 표시가 상대방에게 도달해야 하는데, 상계의 의사 표시에는 조건이나 기한을 붙이지 못하며, 구두나 전화로도 가능하지만 실무에서는 사후 분쟁을 예방하기 위하여 내용증명으로 하는 것이 확실하다.

수동채권에 제3자에 의하여 압류나 가압류가 된 경우에도 자동채권의 변제기가 압류일이나 가압류일보다 빠르면 상계할 수 있다.

3) 상계의 효과

상계가 성립하면 채권자가 받을 자동채권과 채권자가 변제할 의무가 있는 수동채권은 대등액에서 소멸한다.

상계가 이루어지면 상계적상이 된 때로 소급하여 대등액에서 채권과 채무가 소멸하므로, 약정 이자, 지연 손해금 등은 발생하지 않는다. 그러나 이때도 양 당사자 간에 상계하는 경우에도 상계 시기까지의 약정 이자, 지연 손해금을 부담하기로 한 경우에는 약정 이자, 지연 손해금이 발생한다.

상계의 소급효는 상계 당사자 간에만 효력이 있으며 제3자에게는 대항할 수 없는 것으로 본다.

7장

일반 채권 보전

1 | 채무자를
추적하는 방법

실무를 하다 보면 채무를 갚지 않고 종적을 감추는 사례를 종종 보게 된다. 이럴 때 채무자를 찾는 방법에 대해 알아보자.

1) 연고지·연고자 추적

대개 연고가 있는 본적지나 처가가 있는 지역에 잠적하는 경우가 많다. 연고지에 가서 음식점이나 커피숍, 부동산 중개소 등에 수소문하여 보면 잠적 여부를 추적할 수 있다. 특히 나이가 어린 사람이나 고령자에게 채무자의 거주 여부를 확인해보는 것이 효과적이다. 경험 면에서, 이 연령층에서 비교적 정확한 정보를 얻는 경우가 많다.

채무자의 동종 업체나 평상시 채무자와 알고 지내던 사람 등 연고자를 통하여 채무자의 거주지를 추적할 수도 있다.

2) 주민등록초본 열람을 통한 추적

주민등록초본의 발급이나 열람을 통하여 잠적한 채무자를 추적하는 방법을 활용하면 추적이 가능하다. 주민등록초본에는 한 사람의 신상과 주소 변동 사항이 기재되므로, 주민등록초본을 열람하거나 발급받아보면 현재 사는 최종 주민등록지를 알 수 있다.

채권·채무 관계가 있는 이해관계인도 채무자의 주민등록초본을 열람하거나 발급받을 수 있다.

이해관계인(채권자)으로서 채무자의 주민등록초본을 열람하거나 발급하려면 주민등록법 시행규칙의 서식 7호에 채권·채무 관계가 있는 이해관계인이라는 것을 입증하는 서류를 첨부하여 신청해야 한다. 채권·채무 관계가 있다는 것을 입증할 수 있는 서류로는 변제확약서, 확정판결문, 확정된 지급명령, 주소보정명령서 등이 있다. 그리고 주민등록법 시행규칙의 서식 11호나 서식 10호(금융기관)에 변호사나 법무사·행정사(금융기관은 기관장)에게서 이해관계 사실증명을 받아 채무자 주민등록초본을 열람하거나 발급받을 수도 있다.

그런데 잠적하는 채무자는 바로 주민등록을 이전하지 않는 경우가 많다. 이런 경우에는 1~3개월 정도의 기간을 두고 1~3개월에 1회씩, 지속적으로 주민등록초본을 발급받는다. 보통 6개월 정도 후에는 채무자가 실제 거주지로 주민등록을 옮기는 경우가 많다. 그 정도 기간이면 채무자를 찾는 사람들이 점점 사라지는 데다, 주민등록을 이전하지 않아 주민등록이 말소되면 채무자는 채무자대로 금융 거래·국민건강보험 등 일상생활이 불편하기 때문이다.

채무자가 실제 거주지로 주민등록을 옮긴 것이 확인되면 그 주소지로 방문하여 채무자를 만날 수 있을 것이다.

3) 사실조회신청을 활용하는 방법

소송 절차에서 증거신청 방법으로 사실조회신청을 하여 채무자의 주소·주민등록번호 등 신상정보를 알아볼 수 있다.

사실조회는 채무자의 휴대폰 번호·차량 번호·사업자등록번호·계좌번호 중 하나라도 알면 신청할 수 있다.

2 │ 채무자 재산 조사 방법

채무자의 재산에 가압류나 압류를 하려면 채무자의 재산이 파악되어야 한다. 재산 조사는 다음과 같은 방법으로 한다.

1) 부동산·자동차 등 등기 등록이 되는 재산

채무자의 거주지와 사업장 소재지에서 부동산등기부등본과 채무자가 운행하는 자동차의 자동차등록원부를 열람하고 재산을 파악한다. 그런데 채무자의 전 주소지와 현주소지의 부동산등기부등본과 자동차등록원부를 일일이 열람하는 것은 시간과 노력이 들 뿐만 아니라 정확성도 문제가 될 수 있다.

따라서 실무에서는 공적 장부상에 등기 등록이 되는 재산에 대해서는 신용정보회사에 조사를 의뢰하여 파악하는 경우가 많다.

2) 유체동산

유체동산은 물건이 있는 소재지만 알면 압류나 가압류 신청이 가능하다. 유체동산의 물건 소재지는 보통 채무자의 거주지와 사업장 소재지다. 채무자가 법인인 경우는 법인등기부등본을 열람해보면 소재지를 알 수 있다.

거래처와 거래할 때 채무자의 거주지와 사업장 소재지를 파악해놓는 것은 거래의 기본이라 할 수 있다.

3) 채권

채권은 채무자의 채무자(제3채무자)가 누구인가를 알면 압류나 가압류 신청이 가능하다. 제3채무자는 채무자로부터 물품이나 용역을 공급받는 거래처, 채무자의 거래은행 그리고 채무자가 임차인일 때는 임대인 등이 된다.

따라서 채무자와 거래하면서 채무자의 거래처와 거래 은행을 파악해놓아야 하며, 임대인은 부동산등기부등본을 열람하여 파악한다.

채무자의 거래처와 거래 은행 등은 신용정보 라인(서비스)이나 동종 업체를 통해서도 파악할 수가 있다.

4) 재산명시의 활용

재산명시는 일정한 판결문 등 집행권원에 의한 금전채무를 부담하는 채무자가 채무를 이행하지 않는 경우 법원에 신청할 수 있다.

재산명시 신청을 하면 채무자는 강제집행의 대상이 되는 재산과 재산의 일정한 기간 내의 처분 상황을 명시한 재산 목록을 작성하여 법원에 제출하고 그 진실성에 관하여 선서해야 한다.

채권자는 채무자가 법원에 제출한 재산과 재산처분 내용을 등사받을 수 있다. 재산명시 절차에서 재산조회신청을 하여 채무자 재산을 조회해볼 수도 있다.

유체동산

동산 중에서 등기 등록이 되는 재산 외의 동산을 말한다. 자동차는 동산이지만 등록이 되기 때문에 유체동산은 아니다. 유체동산에는 귀금속, 전자제품, 가구, 비품 등이 있다.

3 | 채무자 변경 사유와 조치할 사항

1) 채무자의 변경 사유와 조치

채무자가 변경되는 경우는 개인사업자의 대표자가 변경되는 것, 법인등록번호가 변경되는 것, 개인사업자에서 법인사업자로 변경하는 것, 그리고 법인사업자에 개인사업자로 변경되는 것 등이 있다.

여기서는 실무에서 가장 흔한 경우를 살펴본다. 개인사업자의 법인사업자로 변경될 때 채무자가 변경되면 어떻게 대처해야 할지 알아보고자 한다.

채무자가 개인사업자에서 법인사업자로 변경되었을 때 조치할 사항은 아래와 같다. 개인과 한 계약은 법인과는 효력이 없으므로 법인과 별도로 계약을 체결하든지, 법인이 개인의 계약을 인수하는 중첩적 계약 인수를 하도록 한다. 법인과의 거래에서 발생한 채권에 대해 개인은 변제 책임이 없으므로, 개인사업자의 법인사업자로 변경 시에 법인에 대한 채권에 대해 개인 책임을 묻기 위해서는 대표자와 실소유자 개인의 연대보증을 받아야 한다.

개인과의 거래 시에 설정한 기존 근저당권은 법인의 채무에 대해서는 담보가 되지 않는다. 따라서 법인에 대한 채권을 담보하기 위해서는 법인을 채무자로 하여 근저당권을 추가로 설정하거나, 개인과 설정한 기존 근저당권에 법인을 채무자로 추가하는 채무자변경등기를 한다.

2) 채무자가 사망한 경우

❶ 상속이란?

상속이란 상속인이 피상속인의 권리·의무를 포괄적으로 승계받는 것이다. 즉, 재산이나 채권뿐 아니라 채무까지도 상속인에게 이전된다.

상속에는 상속인·상속순위·상속분 등 모두를 법률에 따라 정하는 법정상속과, 유언에 따라 상속재산의 자유로운 처분을 인정하는 유언상속이 있다. 민법에서는 피상속인의 유언에 따른 유언상속을 인정하고, 유언이 없는 경우 법정상속이 개시된다.

제1순위 상속인은 피상속인의 직계비속과 피상속인의 배우자다. 촌수에 차이가 있는 직계비속이 여러 명 있는 경우에는 최근친자가 선순위의 상속인이 되고, 같은 촌수의 상속인이 여러 명 있는 경우에는 공동상속인이 된다. 공동상속인인 직계비속은 혼인 중의 출생자이든, 혼인외의 출생자든, 기혼·미혼이든, 같은 호적이든, 혼인·분가·입양 등에 의하여 다른 호적에 있든, 남성이든 여성이든, 자연혈족이든 법정혈족이든 간에, 그 상속순위에는 아무런 차별이 없다.

상속인은 단순승인, 한정승인에 의한 상속이나 상속 포기를 할 수 있다. 상속 포기나 한정승인은 사망 사실을 안 날로부터 3개월 이내에 해야 한다. 다만 상속인이 3개월의 기간 내에 고의나 중대한 과실 없이 피상속인의 채무가 적극재산보다 많은 사실을 몰랐던 경우에는 그 사실을 안 날로부터 3개월 이내에 한정승인을 할 수 있다.

❷ 단순승인·한정승인·상속포기

- 단순승인 : 상속을 단순승인하게 되면 상속인은 피상속인의 권리 의무를 모두 상속받게 된다. 상속인이 정해진 기간 내에 상속 포기나 한정승인을 하지 않게 되면 단순승인을 한 것으로 된다.

- 한정승인 : 상속인이 상속으로 인하여 취득할 재산의 한도 내에서 피상속인의 채무를 변제할 것을 조건으로 하는 상속이다. 사망 사실을 안 날로부터 3개월 이내에 상속재산 목록을 첨부

하여 가정법원에 신고할 수 있으며, 3개월의 기간 내에 고의나 중대한 과실 없이 피상속인의 채무가 재산보다 많은 사실을 몰랐던 경우에는 그 사실을 안 날로부터 3개월 이내에 한정승인을 할 수 있다.

한정승인이 되면 상속인은 이날로부터 5일 이내에 모든 채권자에 대하여 한정승인을 한 사실과 2개월 이상의 일정 기간 내에 채권을 신고할 것을 공고하고, 알고 있는 채권자에게는 그 취지를 통지해야 한다.

• 상속 포기 : 상속 포기는 사망 사실을 안 날로부터 3개월 이내에 가정법원에 신고할 수 있다. 가정법원은 상속 포기 의사를 심사하고 신고서가 수리됨으로써 상속 포기가 성립된다. 상속 포기가 성립되면 상속재산에 대한 모든 권리 의무의 승계가 없는 것으로 되며 상속인은 처음부터 상속인이 아니었던 것과 같은 효력을 갖게 된다.

❸ 채권자가 조치할 사항

우선 피상속인의 적극재산이 소극재산(채무)보다 큰 경우에는 상속인의 고유재산과 분리 신청을 하는 것이 좋다.

상속인들이 한정승인이나 상속 포기를 하지 않은 때에는 상속인들에게 채권을 변제할 것을 청구한다.

상속이 공동상속인 경우에 판례의 입장은 채무는 법정 상속분에 따라 각 공동상속인에게 분할하여 승계되는 것으로 보고 있다.

상속인들이 한정승인이나 상속 포기를 한 경우에는 공고된 소정의 기간 내에 채권 신고를 하여 배당을 받는다.

상속인이 존재하지 않는 경우는 상속재산관리인을 가정법원에 청구하여 그 재산관리인을 상대로 채권을 회수해야 하는데 상속재산관리인의 선임을 청구할 수 있는 사람은 친족, 이해관계인, 검사다. 채권자는 여기서 이해관계인에 해당하므로 채권자도 상속재산관리인을 선임할 수 있다.

이때 상속재산관리인 선임 공고가 있으면 관리인은 2개월 이상의 일정한 기간 내에 채권을 신고할 것을 공고하는데, 채권자는 그 기간 내에 채권 신고를 해야 한다.

3) 영업의 양수도

영업 양도란 기업의 동일성을 유지하면서 기업의 소유와 경영의 법적 관계를 양도하는 것으로. 양도인이 영업 재산을 일괄하여 양수인에게 양도하는 계약으로 성립한다.

양수인이 양도인의 상호를 계속 사용하는 경우, 우리 상법에서는 양도인의 영업상 채무에 대해 변제 책임이 있는 것으로 규정하고 있다.

이렇게 보는 이유는 영업상의 채권자는 영업 양수도 사실을 알지 못하거나 양도 사실을 알더라도 양수인에 의하여 영업상 채무가 인수되었다고 생각하는 것이 보통이라는 이유 때문이다.

이때는 오히려 양도인의 책임은 2년이 지나면 면제되며, 양수인은 채권소멸시효가 완성되기 전까지는 채무 변제 책임을 진다.

양수인이 양도인의 채무에 대하여 책임을 지지 않기 위해서는 양수인이 양도인의 채무에 대하여 책임 없음을 상업등기상에 등기하거나, 영업 양도 후 바로 채무 인수 사실이 없음을 채권자에게 통지해야 한다.

양수인이 양도인의 상호를 계속 사용하지 않는 경우, 원칙적으로 양수인은 양도인의 채무에 대해 변제 책임이 없다. 이때 양수인도 양도인의 채무에 책임을 갖게 하려면 중첩적 채무 인수를 받는다.

4) 회사의 합병

회사의 합병에는 두 회사 중 일방이 존속하고 상대방을 흡수하는 흡수합병과, 두 회사 모두 소멸하고 새로운 회사를 설립하는 신설합병이 있다.

법인 합병의 경우 소멸 법인의 권리 의무가 포괄적으로 신설 법

인으로 승계된다. 따라서 채권은 합병한 법인에 청구하여 합병한

법인으로부터 채권 회수가 가능하다.

  합병 여부는 합병한 회사의 법인등기부등본을 열람해보면 알 수

있다.

4 | 사해행위의 취소

채무자가 채무를 회피하기 위하여 재산을 제3자 명의로 빼돌렸을 때, 채권자가 행사할 수 있는 권리로 채권자 취소권이 있다. 보통 사해행위 취소의 소로 권리를 행사한다.

사해행위 취소란 채무자와 제3자가 채권자를 해하는 것을 알면서 채무자의 재산을 제3채무자에게 이전한 경우, 사해행위를 원인으로 취소하는 것을 말한다.

다시 말하면, 채무 변제를 회피하기 위하여 채무자가 제3자 명의로 빼돌린 채무자 재산을 다시 채무자 명의로 회복하여 채권 보전을 도모하는 것이다.

1) 사해행위의 요건

사해행위가 성립하려면 사해행위의 객관적 요건과 주관적 요건을 충족해야 한다.

사해행위가 되는 취소 대상 행위는 채무자가 한 법률 행위에 의하여 재산을 감소시키는 효과가 발생한 경우다.

사해행위의 객관적 요건은 채무자의 양도 등 재산 처분 행위로 채무자의 적극재산 총액(양도한 재산 외의 잔여 재산)이 소극재산 총액(채무액)보다 적어야 하며, 이러한 상황에도 처분한 재산을 무상이나 부당하게 염가로 처분해야 한다는 것이다. 채무자의 채무가 재산보다 큰데도 재산을 제3자에게 처분하면서 무상이나 부당히 염가로 처분하였다면, 이는 채무 변제를 피하기 위한 사해행위로 본다.

사해행위가 성립하려면 위의 객관적 요건 외에 주관적 요건을 충족해야 한다. 사해행위의 주관적 요건은 채무자, 수익자(채무자로부터의 재산 양수인), 전득자(수익자로부터 다시 재산을 양수한 양수인)가 채권자를 해함을 알고 있어야 한다는 것이다.

수익자와 전득자가 그러한 의도를 알았다는 것은 채권자의 채무자에 대한 채권 행사가 침해받는 사정을 알고 양수했다는 의미이며, 채무자가 고의로 재산을 양도하였다 해도 양수인(수익자, 전득자)이 선의인 경우에는 사해행위로 취소할 수 없다.

이렇게 되면 채권자를 해함을 알고 양수하였는지에 대한 입증 책임이 누구에게 있느냐가 관건일 것이다. 채무자가 채권자를 해함을 알고 있었다는 입증 책임은 채권자에게 있는데, 이는 위에서 언급한 객관적 요건을 활용하여 입증한다면 그리 어려운 일이 아니다.

수익자나 전득자가 채권자를 해함을 알고 있었다는 입증 책임은 수익자나 전득자에게 있다. 채무자의 악의가 입증되면 수익자와 전득자는 악의로 추정되며, 수익자나 전득자가 자신들의 선의를 입증해야 한다. 판례의 입장도 수익자나 전득자가 선의를 입증해야 한다고 보고 있다. 따라서 이때 수익자나 전득자가 자신들의 선의를 입증하지 못한다면 채권자가 사해행위의 취소 소송에서 승소할 수 있다.

2) 취소권의 행사

사해행위의 취소권 행사는 소송에 의해서만 이를 행사할 수 있다. 이처럼 사해행위 취소의 행사를 소송에 의한 방법으로만 허용하고 있는 것은 채무자와 양수인 등에 대하여 부당하게 재산권이 침해되는 것을 방지하고자 하는 것이다. 사해행위 취소의 소는 채권자가 수익자·전득자를 피고로 하여 행사한다.

수익자와 전득자가 있는 경우에 수익자와 전득자를 모두 피고로 하여 소송을 제기할 수 있다. 이때는 각각 사해행위 취소 및 말소등기 청구(부동산의 경우)를 구하면 된다. 그리고 전득자만을 피고로 한 행사도 가능하다.

실무적으로 행사하는 방법은 사해행위 취소의 소를 제기하고 수익자·전득자에게 계약서, 영수증, 자금출처 등 재산 양수를 정당하게 받았음을 입증하도록 문서 제출 명령 등을 활용하여 증거신청을 한다. 수익자와 전득자가 양수 자체를 허위로 받은 것이라면 증거제출이 어려울 것이다. 이렇게 되면 승소가 가능할 수 있다.

여기서 또 하나 유의할 점은 수익자나 전득자가 또다시 대상 재산을 제3자에게 이전하거나 제3권리자에게 담보권을 설정하면 사해행위 취소의 소송에서 승소하더라도 문제가 되므로 이를 방지하기 위하여 사해행위 취소의 소를 제기하기 전에 대상 목적물에 대하여 처분금지가처분을 해놓아야 한다는 것이다.

사해행위 취소권의 행사는 정하여진 기간 안에 해야 하는데 채권자가 취소의 원인을 안 날로부터 1년, 법률 행위가 있은 날로부터 5년 이내에 행사해야 한다.

3) 사해행위 취소의 효과

사해행위 취소가 판결에 의하여 확정되면 대상 재산이 수익자·전득자 명의에서 채무자 명의로 회복된다.

사해행위의 취소 결과로 원상 회복하는 방법은 원물 반환이 원칙이다. 다만, 원물 반환이 불가능하거나 현저히 곤란할 경우에는 가액배상을 청구할 수 있고, 이에 따라 가액배상을 받을 수도 있다.

이때 채무자 명의로 회복된 대상 재산은 총 채권자의 공동 집행 대상이 되는 것이며, 취소 채권자만의 권리가 되는 것은 아니다.

사해행위

채무를 변제할 의무가 있는 자가 채권자가 채권을 회수하지 못하도록 자신 명의로 된 부동산, 예금 등의 명의를 허위로 제3자 명의로 바꿔놓거나 가치 있는 유체동산을 양도 또는 은닉하는 행위를 말한다.

가액배상

원물을 반환할 의무가 있는 사람에게 원물을 반환할 수 없을 때 그 금액만큼 금전으로 배상하도록 하는 것이다.

5 | 소멸시효를 관리해야 한다

채권자가 권리를 행사할 수 있는데도 채권을 일정 기간 동안 행사하지 않게 되면 권리(채권)가 소멸한다. 이것이 소멸시효로, 채권자는 소멸시효가 완성되지 않도록 잘 관리해야 한다.

1) 소멸시효의 요건

소멸시효의 요건으로는 권리 자체가 소멸시효의 목적이 될 수 있어야 하고, 권리자가 권리를 행사할 수 있었음에도 행사하지 않아야 하며, 그 권리를 행사하지 않는 상태가 일정 기간 동안 지속되는 것이다.

채권의 소멸시효는 상법과 민법 등에 규정되어 있으며, 모든 채권은 시효 기산일로부터 법률에 정하여진 일정 기간 동안 행사하지 않게 되면 소멸시효의 완성으로 소멸하게 된다.

2) 소멸시효의 기산점

소멸시효가 진행되기 시작하는 소멸시효의 기산점은 권리를 행사할 수 있을 때부터다. 확정기한부 채권은 기한이 도래한 때, 불확정기한부 채권은 채권의 기한이 객관적으로 도래한 때다.

변제기를 정하지 않은 채권의 소멸시효의 기산점은 채권이 성립한 때다.

채무불이행에 의한 손해배상청구권은 채무가 불이행된 때로부터, 불법행위에 의한 손해배상청구권은 그 손해 및 가해자를 안 때로부터 소멸시효가 진행된다.

3) 소멸시효의 기간

일반채권의 소멸시효 기간은 10년이며, 상행위로 인한 채권의 소멸시효는 5년이다. 단, 상사채권의 경우 상법이나 상법 외의 다른 법률에 5년보다 짧은 소멸시효의 규정이 있는 경우에는 그에 의한다.

판결에 의해 확정된 채권은 소멸시효 기간이 10년이며, 채권 및 소유권 이외의 재산권의 소멸시효 기간은 20년이다.

불법행위로 인한 손해배상청구권은 피해자가 그 손해 및 가해자를 안 날로부터 3년, 불법행위를 한 날로부터 10년이다.

상법과 민법, 어음·수표법에서 정한 주요 채권의 소멸시효 기간은 다음과 같다.

채권의 소멸시효 기간

채권의 종류	소멸시효의 기산점	소멸시효 기간
일반 민사채권 판결 등에 의하여 확정된 채권	지급 기일 또는 채권 발생 다음 날 확정일의 다음 날	10년
일반 상사채권	지급 기일 또는 채권 발생 다음 날	5년
외상 매출채권 어음채권(발행인, 보증인) 임금채권	지급 기일 또는 채권 발생 다음 날 지급 기일 다음 날 지급 기일 또는 채권 발생 다음 날	3년
어음채권(배서인) 음식대·숙박료·운송료	지급 기일 다음 날 지급 기일 또는 채권 발생 다음 날	1년
어음의 배서인 간의 채권 수표채권	대지급을 하고 어음을 받은 날 지급 제시 기간 경과 다음 날	6개월

4) 소멸시효의 중단

소멸시효 기간 진행 중에 시효의 기초가 되는 사실 상태와 상반되는 사실이 발생하면 소멸시효의 진행은 중단되고 이미 진행한 시효 기간의 효력은 상실되는데, 이를 소멸시효의 중단이라고 한다.

소멸시효가 중단되면 그때까지 진행된 소멸시효 기간은 소멸시효 기간에 산입하지 아니하며, 그때부터 다시 소멸시효 기간이 진행된다.

따라서 채무자가 현재에는 재산이 없어 지급 능력이 없더라도 차후에 재기한다든지 하여 재산이 생길 가능성이 있다면 소멸시효를 중단하여 소멸시효를 연장해놓아야 한다.

소멸시효를 중단하는 사유는 민법에 규정되어 있는데, 그 방법은 다음과 같다.

- 재판상의 청구 : 민사소송을 제기하거나 지급명령을 신청하게 되면 소멸시효가 중단된다.
- 파산 절차 참가, 화해를 위해 소환하게 되면 소멸시효가 중단된다.
- 압류, 가압류, 가처분 : 압류, 가압류, 가처분을 신청하게 되면 소멸시효가 중단된다.
- 임의 경매 신청을 하게 되면 소멸시효는 중단된다.
- 승인 : 승인은 시효가 진행하는 도중에 시효의 이익을 받을 자가 상대방에 대하여 그 권리의 존재를 시인하는 행위다. 채무자가 변제할 채무가 있음을 인정하게 되면 소멸시효는 중단된다. 채무자로부터 승인을 받는 방법으로는 변제계획서 수령, 채무의 일부 변제, 채무확인서, 채무변제확약서, 잔액확인서 수령 등이 있으며, 어떠한 방법으로든 채무자가 자기의 채무를 인정하기만 하면 된다.

- 재판 외의 청구 : 채무자에게 채무를 변제하라고 청구하면 소멸시효가 중단되는데, 이때는 청구한 증거를 확실히 하기 위하여 변제 청구를 가능한 한 내용증명으로 송달하는 것이 좋다.

  재판 외의 청구에 의해 소멸시효를 중단시킨 경우에는 청구일로부터 6개월 이내에 재판상의 청구를 하거나 압류, 가압류, 가처분, 파산 절차 참가, 화해를 위한 소환 등 법적 조치를 하지 않으면 시효 중단의 효력이 없어지게 된다.

  따라서 재판 외의 청구를 한 경우에는 청구일로부터 6개월 이내에 재판상 청구, 압류, 가압류, 가처분 등의 조치를 하여야 한다.

5) 소멸시효 이익의 포기

소멸시효의 이익의 포기란 시효 완성의 이익을 받지 않겠다는 의사 표시로, 시효 기간의 완성 전에는 이를 미리 포기하지 못한다. 소멸시효가 완성된 채권에 대해 채무자가 일부 변제를 한다든지, 채무확인서 등을 작성해준다든지 하는 것은 소멸시효 이익의 포기에 해당한다.

소멸시효 이익을 포기하면 소멸시효의 이익은 발생하지 않고, 소멸시효는 소멸시효 포기일로부터 다시 진행한다.

8장

가압류 신청 및
절차

1 | 가압류 신청 방법

　채권자가 채권을 회수할 때 채무자가 자진하여 채무를 변제하면 문제가 없겠으나, 채무자가 채무 변제 요구에도 채무를 변제해주지 않으면 채권자는 부득이 강제집행의 방법을 통하여 채권을 회수할 수밖에 없다.

　강제집행을 하기 위해서는 확정 판결문 등 집행권원이 필요하며 확정 판결문 등 집행권원을 획득하기 위해 민사소송 등의 절차를 거쳐야 하는데, 이러한 민사소송 등을 거쳐 집행권원을 얻는 데는 상당한 기일이 소요된다.

　그런데 이러한 법원의 판결 절차 등을 밟는 동안 채무자가 재산을 처분해버리거나 제3자 명의로 돌려놓는다면 강제집행 대상이 없어지게 되어 그동안의 노고가 허사가 될 수도 있다.

　따라서 이러한 문제를 방지하기 위하여 채무자가 재산을 처분하는 것을 저지할 필요성이 있다. 가압류는 현시점부터 강제집행

전까지 이러한 채무자의 재산 처분을 저지하기 위한 채권 보전 절
차다.

1) 가압류의 필요성과 요건

채권자가 강제집행 전까지 외상 매출금 등 금전채권에 대한 채권
보전을 위하여 채무자가 재산 처분하는 것을 금지하기 위한 채권
보전 처분이 가압류다. 금전(돈)으로 받을 채권이 있을 때 강제집행
시까지 강제집행의 대상이 되는 채무자의 재산을 처분하지 못하게
하여 현재의 상태대로 유지하는 것이다.

실무에서는 가압류를 하게 되면 채무자가 심리적 부담을 가지게
되어 자진하여 변제함으로써 강제집행까지 가지 않고도 채권 회수
에 성공하는 사례도 있다.

가압류를 하려면 우선 외상 매출금, 어음 등 채무자로부터 받을
금전채권이 있어야 하고, 채권의 변제기와 상관없이 가압류는 가
능하다.

가압류할 수 있는 채무자의 재산으로는 채무자가 가지고 있는 부
동산·동산·채권 등이 있다.

가압류가 가능하려면 가압류의 필요성이 인정되어야 하는데, 가
압류를 하지 아니하면 차후에 강제집행이 현저히 곤란해지리라는

염려가 있어야 한다.

이러한 필요성이 있는 경우는 소명만으로 가능한데, 근래 들어 가압류 필요성에 대한 소명 방법이 엄격해지고 있어서 가압류를 신청할 때에 가압류 신청의 필요성을 진술한 채권자의 가압류신청진술서를 제출해야 한다.

가압류가 기각되는 사유로는 가압류 물건 이외에도 저당권·질권 등 담보 가치가 채권 변제에 충분한 경우, 채권자가 집행권원을 가지고 있고 즉시 강제집행을 할 수 있는 경우, 변제기가 매우 먼 장래

집행권원
일정한 채권이 있음이 표시되어 있고 강제집행을 할 수 있는 확정판결 등의 집행력이 있는 증서다. 집행권원에는 확정판결, 확정된 지급명령, 조정조서, 화해조서, 인락조서, 공정증서 등이 있다.

채권 보전
채권자가 손실을 막기 위해 채무자 재산을 처분하지 못하게 동결·조치해놓는 것을 말하는데, 가압류·가처분이 여기에 해당한다.

금전채권
대여금, 예금채권, 물품대금, 카드대금, 임차보증금 등의 채권과 같이 금전을 지급할 것을 목적으로 하는 채권을 말한다. 일상생활에서 발생하는 대부분의 채권이 금전채권이다.

에 도래하는 경우, 이미 충분한 가압류 집행이 되어 있는 경우, 채권자가 가압류신청진술서를 제출하지 않은 경우 등이다.

2) 가압류신청서의 기재 사항과 구비서류

가압류를 신청하려면 정해진 내용을 신청서에 기재하고 구비서류를 첨부하여 제출해야 한다. 가압류 신청 시에 기재할 사항과 구비서류는 다음과 같다.

가압류신청서에 기재할 사항은 당사자의 표시, 가압류할 목적물의 표시, 신청의 취지, 신청의 이유, 소명 방법 및 첨부 서류, 연월일, 신청인의 기명날인이다.

❶ 당사자의 표시

채권자와 채무자를 나타내고 채권자의 성명(명칭 또는 상호)·전화번호·주소, 채무자의 성명(명칭 또는 상호)·주소를 기재한다.

채권자와 채무자가 법인인 경우에는 대표자를 기재하며 집행의 편의를 위하여 주민등록번호, 법인등록번호 등을 표시하는 것이 좋다.

❷ 가압류할 목적물의 표시

부동산·채권 가압류의 경우에는 보통 '별지목록 기재와 같음'이라고 기재하고, 아래와 같이 별지목록을 작성·첨부시키며, 유체동산 가압류의 경우에는 기재하지 않는다.

부동산 가압류의 경우는 등기부 표제부에 기재되어 있는 사항을 기재한다.

채권 가압류의 경우에는 채권자가 그 내용을 정확히 파악하는 것이 수월하지 않으므로 보통 '채무자가 제3채무자에 대하여 가지는 ○○거래에서 발생한 물품 대금 채권 중 금 _____원에 달하기까지의 금액' 등과 같이 기재한다.

❸ 신청의 취지

보전처분을 구하고자 하는 내용을 기재한다. 가압류결정문은 보통 신청의 취지대로 나오므로 신청의 종류·목적·범위를 정확하고 명확하게 기재하는 것이 좋다.

❹ 신청의 이유

가압류를 신청하게 된 이유를 육하원칙에 의하여 쓴다. 청구하는 내용을 기재하고 금액을 기재한다. 당사자와의 관계, 청구의 발생 원인, 가압류의 필요성 등을 기재한다.

신청 이유 말미에는 담보 제공에 대하여는 지급보증위탁계약을 체결한 문서로 제출하는 것을 허가해줄 것을 덧붙인다.

❺ 소명 방법 및 첨부 서류

소명 방법은 신청을 입증할 자료(계약서, 세금계산서, 채무확인서 등)를 기재하고 첨부하며, 첨부 서류는 신청 시 구비서류를 기재하고 첨부시킨다. 소명 방법과 첨부 서류는 아래와 같다.

- 원인증서와 채권증서(계약서, 세금계산서, 채무확인서 등)
- 등기부등본, 등록원부(부동산, 자동차, 건설기계 등)
- 가압류진술신청서
- 등록세 납부필증(등기 등록이 되는 물건의 경우만 해당)
- 송달료 납부서
- 위임장(대리인 제출의 경우)
- 인감증명서
- 법인등기부등본(법인인 경우)
- 목록

❻ 기타 기재 사항

신청서 하단에 신청 연월일을 기재하고 신청인이 기명날인을 한다. 그리고 신청서의 최하단에 신청서를 제출하는 법원의 명칭을 기재한다.

채권 증서

채권의 존재를 입증할 수 있는 채권 원인 서류를 말한다. 계약서와 세금계산서, 거래명세서, 약속어음, 당좌수표, 차용증, 채무확인서 등이 있다.

3) 가압류신청서 접수 방법

신청은 서면으로 하며, 신청서에는 정하여진 사항을 기재하고 입증 자료와 첨부 서류를 첨부시켜야 한다.

신청서에는 10,000원의 수입인지 및 송달료(당사자 수×3회분 : 1회분 5,200원)를 납부하고 납부서를 첨부해야 한다. 단, 시·군 법원에 신청서를 제출하는 경우에는 당사자 수×1회분의 송달료를 우표로 납부한다.

부동산에 대한 가압류 신청의 경우에는 신청인은 재산 소재지를 관할하는 시·구·군청에서 가압류할 금액의 2/1,000에 해당하는 등록세와 등록세액의 20/100에 해당하는 교육세를 납부한 후 영수필증을 가압류신청서에 첨부해야 하며, 등록세액이 6,000원 미만인 경우에도 6,000원을 납부해야 한다.

자동차·선박 가압류의 경우 등록세액은 1건당 15,000원, 건설기계와 항공기의 경우에는 10,000원이며, 교육세액은 등록세액의 20/100이다.

가압류신청서를 제출할 관할법원은 부동산과 유체동산의 경우에는 물건 소재지를 관할하는 지방법원이며, 채권의 경우에는 채무자의 주소지를 관할하는 지방법원에 한다. 또 본안소송이 계속 중이거나 앞으로 본안소송이 제소되었을 때 이를 관할할 수 있는 법원에 제출해도 된다.

가압류 신청 시에는 채권자의 부당한 신청에 따른 채무자의 손해를 담보하기 위하여 보증공탁금을 납부해야 한다. 공탁금은 현금이나 지급보증위탁증권으로 하면 되는데, 법원(판사)이 낸 담보제공명령에 따르면 된다.

부동산·자동차·건설기계·항공기와 급여와 영업자 예금 외의 채권을 가압류 신청할 때에는 신청 시에 공탁보증보험증권을 선담보로 제출할 수도 있다. 일반적으로는 가압류신청서 접수 후에 법원(판사)의 담보제공명령에 따라 담보(공탁)를 제공하고 있다.

담보 공탁금은 법원에 따라 차이가 있으나 부동산의 경우에는 청구 금액의 1/10, 동산의 경우에는 4/5, 채권의 경우에는 2/5다.

2 | 전자 가압류 절차

1) 전자 가압류란?

인터넷을 활용하여 직접 가압류신청서를 제출할 수 있고, 사건이 어떻게 진행되고 있는지 실시간으로 인터넷으로 확인하고 기록·열람·발급도 가능하게 운영되는 가압류 신청과 절차다.

2) 전자 가압류 진행 절차

- 우선 회원 가입을 한다.
- '대한민국법원 홈페이지 〉 전자소송'(전자소송 사이트에서 통합 운영되고 있음)에서 신청서를 작성하여 가압류 신청을 한다.
- 법원에서 송달받을 서류를 전자문서로 송달받는다.
- 사건 기록을 온라인으로 열람·출력받을 수 있다.

3) 회원 가입

'대한민국법원 홈페이지 〉 전자소송'에서 본인의 신원을 확인한 후 회원 정보를 입력하면 전자소송 사용자로 등록된다. '신원 확인 〉 회원 정보 입력 〉 회원 가입 완료'의 절차를 거쳐 회원으로 가입한다.

4) 가압류 신청 절차

공동 인증서로 로그인한 후 가압류신청서를 작성하고 전자 서명한 후 제출한다. '서류 제출 〉 민사 서류 〉 민사 신청 〉 민사 가압류 신청'에서 '전자소송절차 등 진행 동의(전자소송시스템을 이용하여 가압류, 민사소송, 지급명령, 경매 등을 신청하는 경우 전자소송 등 동의하게 되어 있음) 〉 사건 기본 정보 입력 〉 당사자 정보 입력 〉 신청 취지와 신청 이유 입력 〉 소명 서류와 첨부 서류 첨부(가압류신청진술서도 인터넷으로 바로 작성 가능) 〉 작성 완료 〉 전자서명 〉 소송 비용 납부 〉 가압류신청서 제출 〉 접수 완료'의 순서로 가압류신청서를 전자적으로 제출할 수 있다.

5) 송달 절차

전자소송 등에 동의한 당사자 및 대리인은 '대한민국법원 홈페이지〉전자소송'을 통해 전자문서로 송달받고 내용을 확인할 수 있다.

6) 사건 기록 열람 절차

전자소송 등에 동의한 당사자 및 대리인은 해당 사건의 사건 기록을 언제든지 온라인상에서 열람 및 출력할 수 있다. 진행 중인 사건에 대해 '대한민국법원 홈페이지〉전자소송'에서 열람하는 수수료는 무료다.

3 | 부동산·자동차·건설기계의 가압류

1) 가압류 신청과 심리

부동산·자동차·건설기계를 가압류하려면 우선 가압류하고자 하는 부동산등기부등본, 자동차·건설기계 등록원부를 발급받아 선순위 우선변제권자 등을 확인하고 가압류의 실익이 있는지 판단하여 보아야 한다. 가압류하려면 비용과 인력이 들어가야 하는데, 가압류의 실익이 없는 물건에 가압류하게 되면 비용만 들어가고 얻는 것은 없기 때문이다.

가압류신청서를 접수하기 위해서는 앞에서 설명한 기재할 사항을 기재하고 앞에서 설명한 입증 서류와 첨부 서류를 첨부하고 시·군·구에 등록세 등을 납부한다.

가압류를 신청할 법원은 물건 소재지 관할법원이나 본안의 관할법원 중 편리한 법원에 신청하면 된다. 가압류는 금전채권을 보전하기 위해 하는 것인데, 금전채권은 이행지(채권자 주소지)가 본안의 관할법원에 해당하기 때문에 채권자 주소지 관할법원에 신청하는 경우가 많다.

관할법원에 도착하면 관내 은행(우체국)에 인지대와 송달료를 납부하고 물건 1건당 등기 신청 수수료를 3,000원도 납부한다. 송달료를 납부할 때는 회사의 계좌번호를 알아서 송달료 납부서에 기재하는 것이 좋다. 송달료가 남으면 이를 돌려주는데, 계좌번호를 기재하면 그 계좌로 송금시켜주므로 편리하기 때문이다.

비용 납부가 완료되면 법원 민사신청과에 접수하면 된다. 접수가 완료되면 법원에서 담보제공명령이 나는데, 그에 따라 공탁보증보험증권을 제출하거나 현금공탁을 하면 된다.

부동산·자동차·건설기계의 가압류 신청 사건은 공탁보증보험증권으로 선공탁(선담보 제공)도 가능하다.

부동산·자동차·건설기계의 가압류 신청 사건의 심리는 보통 채권자가 제출한 서류에 의한 심리만으로 결정되는 경우가 대부분이다. 재판장은 신청서에 기재 사항이 기재되어 있는지, 신청서에 인지 등 첨부되어 있는지, 신청 내용이 이유 있는지를 심사한 후 흠결이 있으면 보정을 명하는데, 정해진 기간 내에 보정되지 않으면 신청이 각하되므로 주의해야 한다.

심리

법원의 신청 원인에 대해 행하는 공식적 심사 행위를 의미한다.

보정

소장이나 소송 서류 그리고 소송 행위에 흠결이 있을 때 법원에서 이를 보완하도록 명령하는데, 기간 내에 보정하지 않으면 소송이 각하된다.

각하와 기각

• 각하 : 법원에 하는 신청·청구의 요건을 제대로 갖추지 못한 경우에 법원이 내리는 결정

• 기각 : 법원에 한 신청·청구의 요건은 갖추었으나 신청·청구 원인이 타당하지 않을 때 법원이 내리는 판결

가압류신청서에 기재할 사항 중 가압류할 물건의 표시는 별지목록으로 다음과 같이 작성한다.

가압류할 부동산 물건 목록 – 단독주택의 경우

1. 서울 강북구 미아동 ○○번지
   대 123제곱미터

2. 위 지상
   철근 콘크리트조 슬래브 지붕 2층 주택
   1층 93제곱미터
   2층 85제곱미터

가압류할 부동산 물건 목록 – 아파트의 경우

1. 1동 건물의 표시
   서울시 ○○구 ○○동 ○○○번지
   철근 콘크리트조 슬래브 지붕 5층 아파트 1동
   1층 1,000제곱미터
   2층 1,000제곱미터
   3층 1,000제곱미터
   4층 1,000제곱미터
   5층 1,000제곱미터

1. 전유 부분 건물의 표시
   건물번호 : 3-302
   구　　조 : 철근콘크리트조
   면　　적 : 3층 302호 82.3제곱미터

1. 대지권의 표시
   서울시 ○○구 ○○동 ○○○번지 1,550제곱미터
   소유권의 720분의 30.05

가압류할 자동차 물건 목록

1. 자동차명 :
1. 자동차 등록번호 : _____호
1. 형식 :
1. 차대번호 :
1. 사용 본거지의 위치 :
1. 원동기의 형식 :
1. 소유자 : 김갑돌
   　　　　　서울시 ○○구 ○○동 ○○번지

가압류할 건설기계 물건 목록

1. 명칭 :
1. 형식 :
1. 제조자명 : ○○주식회사
1. 제조 연월일 : 2002년 3월 15일
1. 제조번호 :
1. 원동기의 종류 등 :
1. 사용 본거지 :
1. 등록 연월일 및 번호 :
1. 주된 영업소의 소재지 :

부동산가압류신청서

채권자   (주)신영 대표이사 ○○○ (전화번호 :   )
         서울시 ○○구 ○○로 ○○번길
채무자   (주)연체 대표이사 ○○○
         서울시 ○○구 ○○로 ○○번길

청구채권의 표시

금 28,000,000원(물품 대금)
채권자가 채무자에게 _____년 __월 __일, 변제기 _____년 __월 __일, 지연
이자 연 10%로 약정하여 공급한 물품 대금

가압류할 부동산의 표시

별지목록 기재와 같음.

신청의 취지

채권자는 채무자에 대한 위 채권의 집행을 보전하기 위하여 채무자 소유의 별

지목록 기재 부동산을 가압류한다는 결정을 구함.

신청의 이유

1. 채권자는 채무자에 대하여 ＿＿＿년 ＿＿월 ＿＿일 금 30,000,000원의 물품을 변제기 ＿＿＿년 ＿＿월 ＿＿일, 지연 이자 연 10%로 하여 공급하여주었는바, 채무자는 변제 기일이 지났는데도 대금 중에 2,000,000원만 변제하고 2개월이 지난 지금까지 나머지 물품 대금과 지연 이자를 변제하지 않고 있습니다.
2. 채권자는 채무자에 대하여 물품 대금 청구의 소 제기를 위하여 준비 중이나 채무자는 다른 사람에게도 많은 채무를 부담하고 있으므로 지금 가압류를 해두지 않으면 후일 승소 판결을 얻더라도 집행을 할 수 없으므로 강제집행 보전을 위하여 본 신청을 하게 되었습니다.
3. 담보 제공에 대하여는 보증보험 회사와 지급보증 위탁계약을 체결한 문서로 제출하고자 하오니 허가하여주시기 바랍니다.

첨부 서류

1. 계약서 사본	1통
1. 세금계산서 사본	1통
1. 부동산등기부등본(등기사항 전부증명서)	2통
1. 법인등기부등본 (등기사항 전부증명서)	1통
1. 가압류 신청 진술서	1통
1. 등록세 납부 필증	1통
1. 송달료 납부서	1통
1. 위임장(대리인 신청)	1통
1. 법인인감 증명서	1통

＿＿＿년 ＿＿월 ＿＿일

위 채권자 (주)신영 대표이사 ○○○ (인)

○○지방법원 귀중

자동차(건설기계)가압류신청서

채권자 (주)새나라 대표이사 ○○○ (전화번호 :   )
　　　　서울시 ○○구 ○○로 ○○번길
채무자 (주)연체 대표이사 ○○○
　　　　서울시 ○○구 ○○로 ○○번길

청구채권의 표시

금 25,000,000원 (물품 대금)
채권자가 채무자에게 ＿＿년 ＿월 ＿일, 변제기 ＿＿년 ＿월 ＿일, 지연 이자 연 10%로 약정하여 공급한 물품 대금

가압류할 자동차(건설기계)의 표시

별지목록 기재와 같음.

신청의 취지

채권자는 채무자에 대한 위 채권의 집행을 보전하기 위하여 채무자 소유인 별지목록 기재 자동차(건설기계)를 가압류한다는 결정을 구함.

신청의 이유

1. 채권자는 채무자에 대하여 ＿＿년 ＿월 ＿일에 금 32,000,000원의 물품을 변제기 ＿＿년 ＿월 ＿일, 지연 이자 연 10%로 하여 공급하여주었는바, 채무자는 변제 기일이 지났는데도 대금 중에 7,000,000원만 변제하고 2개월이 지난 지금까지 나머지 물품 대금과 지연 이자를 변제하지 않고 있습니다.
2. 채권자는 채무자에 대하여 물품 대금 청구의 소 제기를 위하여 준비 중이나 채무자는 다른 사람에게도 많은 채무를 부담하고 있으므로 지금 가압류를 해두지 않으면 후일 승소 판결을 얻더라도 집행을 할 수 없으므로 강제집행 보전을 위하여 본 신청을 하게 되었습니다.
3. 담보 제공에 대하여는 보증보험회사와 지급보증 위탁계약을 체결한 문서로 제출하고자 하오니 허가하여주시기 바랍니다.

첨부 서류

1. 세금계산서 사본	1통
1. 자동차(건설기계)등록원부	1통
1. 법인등기부등본	1통
1. 가압류신청진술서	1통
1. 등록세 납부필증	1통
1. 송달료 납부서	1통

＿＿＿년＿월＿일

위 채권자 ○○○ (인)

○○지방법원 귀중

법원 양식을 다운로드받을 수 있는 사이트
- 대한민국법원 〉 대국민 서비스 〉 양식

2) 가압류 결정

가압류 결정은 담보 제공일로부터 2~7일 정도 소요되며, 채권자 (신청인)는 가압류 결정이 되면 가압류결정문을 찾아오면 된다. 채권 자가 가압류결정문을 찾아가지 않는 경우는 법원에서 송달해준다.

3) 가압류 집행 절차

❶ 부동산의 가압류 집행

부동산의 가압류 집행은 채권자가 별도로 신청할 필요 없이 가압류 법원에서 부동산 소재지 관할 등기소에 가압류 결정 정본 및 등기촉탁서를 송부하여 가압류 사실을 등기부에 기입해줄 것을 촉탁한다.

법원의 촉탁에 따라 등기소의 등기관은 등기부의 갑구에 가압류 등기·등기원인·채권자를 표시함으로써 가압류 집행이 완료된다.

가압류 효력 발생 시기는 부동산등기부에 가압류 등기를 기입한 때부터다.

❷ 자동차·건설기계의 집행

채권자가 별도로 신청할 필요 없이 가압류 법원에서 관할소 관청(시·군·구청)에 가압류 결정 정본 및 등기촉탁서를 송부하여 가압류 사실을 등록원부에 기재해줄 것을 촉탁한다.

관할소 관청인 시·군·구에서는 법원의 촉탁에 따라 자동차·건설기계 등록원부에 가압류 등록·등록원인·채권자를 표시(등록)함으로써 가압류 집행이 완료된다.

이 또한 부동산과 마찬가지로 가압류 효력 발생 시기는 등록원부에 가압류 등록을 기입한 때부터다.

4) 가압류 집행의 효력

배당할 금액이 2억 원이고, 채권 현황이 다음과 같은 경우를 살펴보자.

채권 현황

채권자	권리관계	일자	채권액
A	가압류	2021. 3. 20.	4억 원
B	저당권	2021. 4. 7.	1억 원
C	가압류	2021. 5. 10.	2억 원
D	가압류	2021. 5. 30.	1억 원

배당할 금액과 채권 현황이 위와 같을 때 각 채권자가 배당받을 금액은?

저당권자인 B는 저당권 설정 전에 먼저 가압류한 A에게는 우선변제권을 갖지 못하며, 저당권 설정 후 가압류한 C, D에게는 우선변제권을 갖는다. 이때 배당은 우선 A, B, C, D에게 안분배당되고, A는 자기 배당분의 전 금액을 수령하며, 저당권자 B는 후순위인 C, D로부터 자신의 채권액을 다 변제받을 때까지 우선변제권으로 보전받는다.

위의 사례에서 각자 배당받을 금액은 아래와 같다.

A : 1억 원(2억 원×4억 원/8억 원)

B : 1억 원(2억 원×1억 원/8억 원+7,500만 원)

C : 0원(2억 원×2억 원/8억 원−5,000만 원)

D : 0원(2억 원×1억 원/8억 원−2,500만 원)

결과적으로 A는 자기가 배당받을 전액을 배당받은 것이며, C, D 는 저당권자인 B보다 후순위이므로 B가 배당을 받고 남은 금액이 없어 배당받지 못한다.

사례 2

2020년 3월 20일에 E에게 소유권 이전된 주택에 경매가 진행되었고, 배당받을 금액이 1억 원이다.

채권 현황

채권자	권리관계	일자	채권액
A	가압류	2021. 3. 5.	5,000만 원
B	저당권	2021. 4. 10.	3,000만 원
C	가압류	2021. 5. 10.	1억 원
D	가압류	2021. 5. 30.	1억 원

배당할 금액과 채권 현황이 상기와 같을 때 각 채권자가 배당받을 금액은 어떻게 되겠는가?

상기의 경우 소유권이 E에게 이전되기 전에 가압류한 A에게는 소유권자인 E와 E의 채권자로서 저당권을 설정한 B, 가압류한 C, D는 모두 자신의 권리를 가지고 대항하지 못한다.

이때는 우선 A가 가압류한 금액 전액을 배당받고, 남은 금액에 대하여는 저당권자인 B가 우선변제를 받은 후, 남은 금액에 대하여 C와 D가 안분배당을 받는다.

위의 사례에서 각자 배당받을 금액은 아래와 같다.

A : 5,000만 원(가압류 금액 전액)

B : 3,000만 원(C, D보다 우선변제)

C : 1,000만 원[(1억 원 - 5,000만 원 - 3,000만 원)×1억/2억]

D : 1,000만 원[(1억 원 - 5,000만 원 - 3,000만 원)×1억/2억]

결과적으로 소유권이 E에게 넘어오기 이전에 가압류한 A는 가압류한 금액 전액을 배당받고, 소유권자 E의 저당권자 B는 C, D보다 우선변제권자로서 채권액 전액을 배당받았다. 그리고 소유권자 E의 가압류권자인 C와 D는 남은 금액 2,000만 원을 가지고 채권 금액에 따라 안분배당을 받았다.

가압류는 집행됨으로써 채무자나 제3자에게 효력을 미치는데, 가압류 집행이 되면 가압류 물건에 대하여 매매, 증여 및 저당권, 질권의 설정 등 처분행위가 일절 금지된다. 그러나 처분행위금지의 효력은 절대적 무효가 아니라 상대적 무효가 된다. 즉, 가압류 목적물이 양도되거나 담보로 제공되더라도 상대적 무효로서 가압류채권자에 대해서는 대항할 수 없다(그 효력을 주장할 수 없는 것이다.). 이때도 가압류채권자 이외의 제3자에게는 양도나 담보의 효력을 주장할 수 있다.

가압류된 부동산이 양도되어 소유자가 변경되었다고 해도 가압류채권자는 확정판결문이나 확정된 지급명령 등을 받은 때에는 해당 부동산을 강제경매 신청할 수 있다.

그리고 가압류 후에 저당권을 설정한 경우 저당권자는 앞선 가압류권자에게 우선변제권을 주장하지 못한다. 다만 저당권자 뒤에 또 다른 가압류권자가 있다면 이들에 대하여는 우선변제권을 주장할 수 있다.

가압류채권자는 가압류 후에 그 가압류 물건에 대하여 제3채권자가 경매를 진행하는 경우에 배당받을 권리를 갖게 된다.

가압류가 되면 소멸시효를 중단하는 효력을 갖게 되어 소멸시효가 연장된다.

◆ 부동산 가압류 절차도 ◆

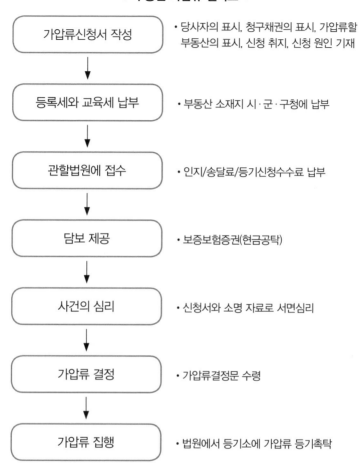

가압류신청서 작성	• 당사자의 표시, 청구채권의 표시, 가압류할 부동산의 표시, 신청 취지, 신청 원인 기재
등록세와 교육세 납부	• 부동산 소재지 시·군·구청에 납부
관할법원에 접수	• 인지/송달료/등기신청수수료 납부
담보 제공	• 보증보험증권(현금공탁)
사건의 심리	• 신청서와 소명 자료로 서면심리
가압류 결정	• 가압류결정문 수령
가압류 집행	• 법원에서 등기소에 가압류 등기촉탁

4 | 유체동산의 가압류

1) 가압류 신청 절차

유체동산 가압류신청서에 앞에서 설명한 기재할 사항을 기재하고 관할법원에 신청서를 제출한다. 신청 법원은 물건 소재지 관할법원이나 본안의 관할법원 중 편리한 곳에 신청하면 된다.

관할법원에 도착하면 관내 은행(우체국)에 인지대와 송달료를 납부하고 납부서를 첨부하여 민사신청과에 접수하면 된다.

법원의 담보 제공 명령에 따라 현금과 공탁보증보험증권으로 보증공탁(담보 제공)을 하는데, 유체동산 가압류의 경우에는 보통 공탁해야 할 보증공탁금의 50% 이내에서 현금공탁 명령이 나온다.

가압류에 대한 심리는 보통은 채권자가 금전채권을 받을 것이 있음을 소명하면 이에 근거한 서면심리에 의하여 결정되는 경우가 대부분이다.

법원의 딤보제공명령에 의해 담보 제공(공탁)을 하게 되면 2~7일 이면 가압류가 결정되고 가압류결정문이 나온다.

유체동산가압류신청서

채권자　(주)진선 대표이사 ○○○ (전화번호 :　　　　　)
　　　　서울시 ○○구 ○○로 ○○번길
채무자　(주)연체 대표이사 ○○○
　　　　서울시 ○○구 ○○로 ○○번길

청구채권의 표시

금 17,000,000원(물품 대금)
채권자가 채무자에게 ＿＿＿년 ＿＿월 ＿＿일, 변제기 ＿＿＿년 ＿＿월 ＿＿일, 지연 이자 연 9%로 약정하여 공급한 물품 대금

신청의 취지

채권자는 채무자에 대한 위 채권의 집행을 보전하기 위하여 채무자 소유의 유체동산을 가압류한다는 결정을 구함.

신청의 이유

1. 채권자는 채무자에 대하여 ＿＿＿년 ＿＿월 ＿＿일 금 20,000,000원의 물품을 변제기 ＿＿＿년 ＿＿월 ＿＿일, 지연 이자 연 9%로 하여 공급하여주었는바, 채무자는 변제 기일이 지났는데도 대금 중에 3,000,000원만 변제하고 변제 기일 6개월이 지난 지금까지 나머지 물품 대금과 지연이자를 변제하지 않고 있습니다.
2. 채권자는 채무자에 대하여 물품 대금 청구의 소 제기를 위하여 준비 중이나 채무자는 다른 사람에게도 많은 채무를 부담하고 있으므로 지금 가압류를 해두지 않으면 후일 승소 판결을 얻더라도 집행할 수 없으므로 강제집행 보전을 위하여 본 신청을 하게 되었습니다.
3. 담보 제공에 대하여는 보증보험 회사와 지급보증 위탁계약을 체결한 문서로

제출하고자 하오니 허가하여주시기 바랍니다.

첨부 서류

1. 세금계산서 사본   1통
1. 법인등기부등본(등기사항 전부증명서)   1통
1. 가압류신청진술서   1통
1. 송달료 납부서   1통

____년 __월 __일

위 채권자 (주)진선 대표이사 ○ ○ ○ (인)

○ ○ 지방법원 귀중

2) 공탁 절차

유체동산 가압류 신청을 하게 되면 법원에서는 담보제공명령을 하는데 담보 제공 금액은 법원에 따라 차이가 있지만 보통 청구 금액의 4/5다. 보통 그중 1/2 이내의 금액은 현금공탁을 하도록 한다.

실무에서는 청구 금액의 4/5를 공탁하도록 명령이 나고, 일부 금액에 대하여는 공탁보증보험증권으로 제출할 수 있는 것으로 담보 제공명령을 하고 있다.

담보제공명령이 되면 공탁보증보험증권은 보증보험회사에서 발급받고, 현금공탁은 공탁소(공탁계)에서 공탁 수리 결정을 받아 공탁

물보관자(은행)에 공탁금을 납입하고 공탁서를 교부받는다.

공탁보증보험증권과 공탁서 사본을 가압류 신청 법원에 제출하면 담보 제공 절차가 완료된다.

공탁서 원본은 차후에 공탁금을 회수할 때 필요하므로 잘 보관해야 한다.

요즈음은 담보 제공(보증공탁)을 전자적으로 현금공탁과 공탁보증보험증권을 발급받고 제출할 수도 있다.

> **전자적으로 담보 제공(공탁)할 수 있는 사이트**
>
> • 대한민국법원 홈페이지 〉 대국민 서비스 〉 전자공탁
>
> • SGI 서울보증 〉 다이렉트 보험서비스 〉 전자보증서 발급 〉 법원공탁보증
>
> **공탁**
>
> 변제, 담보, 보관 등을 위하여 공탁소에 맡겨놓는 것을 말한다. 공탁하려면 법원에서 정한 절차를 거쳐서 한다.

3) 가압류 집행

가압류 결정이 되면 가압류할 유체동산이 있는 곳을 관할하는 집행관 사무소에 유체동산 가압류 집행 신청을 해야 한다.

유체동산집행신청서에는 가압류결정정본, 법인등기부등본, 위임

장, 인감증명서를 첨부하여 접수한 후 집행 비용을 예납한다.

유체동산의 가압류 집행은 가압류결정문을 받은 날로부터 14일 이내에 해야 하므로, 이날을 지나지 않도록 주의해야 한다.

집행관과 시간 약속을 하고 만나서 집행 장소로 가서 집행하는데, 집행관이 가압류 물건에 가압류 표지나 공시서를 붙여 집행하고 가압류집행조서를 작성한다.

금전은 집행관이 집행하여 공탁하며 가압류물은 바로 현금화하지 못하는 것이 원칙이지만, 가압류물을 즉시 매각하지 아니하면 값이 크게 떨어질 염려가 있거나 그 보관에 지나치게 큰 비용이 드는 경우에는 집행관은 그 물건을 매각하여 매각 대금을 공탁한다.

4) 가압류의 효력

유체동산이 가압류되면 매매, 증여 및 저당권, 질권의 설정 등 모든 처분 행위가 금지된다.

채무자가 가압류된 유체동산을 처분하는 경우나 고의로 가압류 표지를 훼손한 경우에는 공무상 비밀표시무효죄로 형사 처벌을 받는다. 집행관에게 압류물 점검 신청을 하여 집행관이 압류물의 부족 및 손상 여부와 정도를 기재한 점검조서등본을 받아서 가압류결정문과 점검조서등본을 첨부하면 고소할 수 있다.

5 | 채권에 대한 가압류

사례

(주)선진의 거래처인 (주)채무에서는 자금 사정이 어렵다는 이유로 대금 지급을 장기간 지연하고 있다.

(주)선진에서는 독촉장을 보내는 등 여러 차례 독촉 겸 압박도 해보았지만, 전혀 반응이 없었다.

(주)선진에서는 (주)채무가 (주)제삼자와 거래를 하고 있음을 알게 되었다.

(주)선진은 (주)채무에서 (주)제삼자로부터 받을 물품 대금 채권에 대하여 가압류하였다.

그제야 (주)제삼자와의 거래에 대한 부담을 느낀 (주)채무는 채권자인 (주)선진에 변제 협의를 하겠다고 통보했다.

가압류를 통하여 (주)채무를 협상테이블로 끌어낼 수 있었다.

1) 가압류 신청 절차

채권 가압류신청서와 첨부 서류를 준비한다.

가압류 신청할 법원은 채무자 주소지 관할법원이나 본안의 관할 법원 중 편리한 법원에 신청하면 되는데, 금전채권은 이행지(채권자 주소지)가 특별히 인정된 관할법원에 해당하기 때문에 대개는 채권자 주소지의 관할법원에 신청하는 경우가 많다.

인지 첨부와 송달료 납부 방법은 부동산과 유체동산의 가압류와 같은 방법으로 하면 된다.

채권 가압류 신청 사건의 심리도 보통 채권자가 제출한 서류에 의한 심리만으로 결정되는 경우가 대부분이다.

재판장은 신청서에 정하여진 기재 사항이 기재되어 있는지, 신청서에 인지 등이 첨부되어 있는지, 신청 내용이 이유 있는지를 심사한 후 흠결이 있으면 보정을 명하는데, 정해진 기간 내에 보정되지 않으면 신청을 각하되므로 보정 기간 내에 보정하도록 한다.

가압류 신청 후 법원의 담보제공명령이 나면 그에 따라 현금이나 공탁보증보험증권으로 담보 제공을 한다. 금전채권 중 급여와 영업자 예금 외에는 공탁보증보험증권으로 선공탁(선담보 제공)도 가능하다.

담보 제공(보증공탁)은 보통 청구 금액의 2/5를 공탁해야 하는데,

급여나 영업자 예금의 경우는 50% 이내에서 현금공탁 명령이 난다.

가압류신청서에 기재할 사항 중 가압류할 채권의 표시는 별지 목록으로 작성하는데, 금전채권별로 작성 예를 보면 다음과 같다.

가압류할 채권의 목록 – 급여

청구 금액 : 금 25,000,000원

채무자가 제3채무자로부터 매월 지급받는 급여(본봉, 상여금 및 제 수당)에서 제세공과금을 뺀 잔액의 1/2씩 위 청구 금액에 달하기까지의 금액(다만 국민기초생활 보장법에 의한 최저생계비를 감안하여 민사집행법 시행령이 정한 금액에 해당하는 경우에는 이를 제외한 금액) 및 위 청구 금액에 달하지 아니하는 사이에 퇴직한 경우에는 퇴직금 중 제세공과금을 뺀 잔액의 1/2 중 위 청구 금액에 달하기까지의 금액

가압류할 채권의 목록 – 매매 대금

청구 금액 : 금 12,000,000원

채무자가 제3채무자에게 ____년 __월 _일 판매하고 받을 냉동기 부품에 대한 매매 대금 채권 중 위 청구 금액에 달하기까지의 금액

가압류할 채권의 목록 - 여러 종류의 예금 및 계좌

청구 금액 : 금 35,000,000원

　채무자(　　　　)가 제3채무자(주식회사 ○○은행 취급점 : 서초동 지점)에 대하여 가지는 다음 예금채권(장래 입금되는 예금을 포함) 중 아래 기재한 순서에 따라 위 청구채권에 이를 때까지의 금액

- 다음 -

1. 압류되지 않은 예금과 압류된 예금이 있는 때에는 다음 순서에 의하여 가압류한다.
　가. 선행 압류, 가압류가 되지 않은 예금
　나. 선행 압류, 가압류가 된 예금
2. 여러 종류의 예금이 있는 때에는 다음의 순서에 의하여 가압류한다.
　가. 보통예금　　나. 당좌예금　　　다. 정기예금　　　　라. 정기적금
　마. 저축예금　　바. 자유저축예금　사. 기타 모든 예금
3. 같은 종류의 예금이 여러 계좌가 있는 때에는 예금 금액이 많은 예금부터 가압류한다.
4. 제3채무자 송달일 기준으로 위 청구 금액에 이르지 못하는 경우 장래 입금될 예금(입금되는 순서에 따름)을 가압류한다.

가압류할 채권의 목록 - 임차보증금

청구 금액 : 금 34,000,000원

　채무자가 제3채무자로부터 ＿＿년 ＿월 ＿일 서울시 ○○구 ○○동 ○○번지 ○○아파트 ＿＿동 ＿＿호를 임차함에 있어 제3채무자에게 지급한 임대차보증금 반환채권 중 위 청구 금액에 달하기까지의 금액(단, 주택임대차보호법 제8조 및 같은 법 시행령의 규정에 따라 우선변제 받을 수 있는 금액이 있으면 이를 제외한 나머지 금액)

채권가압류신청서

채권자   (주)영신 대표이사 ○○○ (전화번호 :   )
              서울시 ○○구 ○○로 ○○번길
채무자   (주)연체 대표이사 ○○○
              서울시 ○○구 ○○로 ○○번길
제3채무자 (주)그린 대표이사 ○○○
              서울시 ○○구 ○○로 ○○번길

청구채권의 표시

금 16,000,000원(물품 대금)
채권자가 채무자에게 ＿＿＿＿년 ＿＿월 ＿＿일, 변제기 ＿＿＿＿년 ＿＿월 ＿＿일, 지연 이자 연 10%로 약정하여 공급한 물품 대금

가압류할 채권의 표시

별지목록 기재와 같음.

신청의 취지

채무자의 제3채무자에 대한 별지목록 기재의 채권을 가압류한다.
제3채무자는 채무자에게 위 채권에 관한 지급을 하여서는 아니 된다.
라는 결정을 구함.

신청의 이유

1. 채권자는 채무자에 대하여 ＿＿＿＿년 ＿＿월 ＿＿일 금 20,000,000원의 전자제품을 변제기 ＿＿＿＿년 ＿＿월 ＿＿일, 지연 이자 연 10%로 하여 공급하여주었는바, 채무자는 변제 기일이 지났는데도 대금 중에 4,000,000원만 변제하고 변제 기일 3개월이 지난 지금까지 나머지 물품 대금과 지연 이자를 변제하지 않고 있습니다.
2. 채권자는 채무자에 대하여 물품 대금 청구의 소제기를 위하여 준비 중이나 채무자는 다른 사람에게도 많은 채무를 부담하고 있으므로 지금 가압류를 해 두지 않으면 후일 승소 판결을 얻더라도 집행할 수 없으므로 강제집행 보전을

위하여 본 신청을 하게 되었습니다.

3. 담보 제공에 대하여는 보증보험회사와 지급보증 위탁계약을 체결한 문서로 제출하고자 하오니 허가하여주시기 바랍니다.

첨부 서류

1. 세금계산서 사본   1통
1. 내용증명서   1통
1. 법인등기부등본   1통
1. 가압류신청진술서   1통
1. 송달료 납부서   1통
1. 위임장(대리인 신청)   1통
1. 법인인감증명서   1통

_____년 ___월 ___일

위 채권자 (주)영신 대표이사 ○ ○ ○ (인)

○ ○지방법원 귀중

2) 가압류 집행

가압류 결정이 되면 법원에서 제3채무자에게 가압류 결정문을 송달한다.

제3채무자에게 가압류결정문이 송달되면 가압류의 집행 효력이 발생한다. 가압류 효력이 발생하면 제3채무자는 가압류채권을 채무자에게 지급해서는 안 된다.

6 | 채무자의 가압류에 대한 이의와 취소

채무자는 가압류 결정에 대하여 이의가 있는 경우에는 이의를 신청할 수 있다. 이의 신청 사유로는 채무의 부존재, 소멸 등이 있다.

가압류를 취소 신청할 수 있는 경우는 채무자의 제소명령 신청에 채권자가 본안소송을 제기하지 않은 경우, 법원이 정한 담보를 해방공탁한 경우, 가압류 사유 소멸이나 시정 변경이 있는 경우, 가압류 후 3년이 경과한 경우 등이다.

1) 가압류 이의

채무자는 채무의 부존재나 소멸 등의 이유를 들어 가압류 취소 신청을 할 수 있다. 그러나 가압류의 이의 신청이 가압류 집행을 정지시키지는 않는다.

가압류 이의 신청이 되면 법원은 변론 기일을 정하고 이를 당사자들에게 통지한다. 변론과 심리의 결과에 따라 법원은 가압류의 일부 또는 전부의 인가, 변경, 취소를 선고하게 된다.

2) 제소명령 신청

가압류 결정 후 장기간 가압류 상태를 유지하게 되면 채무자는 불의의 피해를 볼 수도 있다. 이럴 때 채무자는 채권자에게 본안소송을 제기하도록 제소명령 신청을 할 수가 있다. 제소명령 신청이 있으면 법원은 2주 이상의 기간을 정하여 그 기간 내에 본안소송을 제기하여 이를 증명하는 서류를 제출하거나 소송 계속 사실을 증명하는 서류를 제출하도록 명한다.

채권자가 정해진 기간 내에 상기 서류를 제출하지 않으면 법원은 채무자의 신청에 따라 가압류를 취소한다.

3) 사정 변경에 따른 취소

채무자는 가압류 이유가 소멸되거나 그 밖에 사정이 바뀐 경우에는 가압류 취소 신청을 할 수 있다. 이때 가압류 취소 재판은 가압류를 명한 법원이 하지만, 본안이 이미 계속되고 있는 경우에는 본안 법원이 한다.

가압류 집행된 뒤에 3년간 본안소송을 제기하지 아니한 때에는 채무자나 이해관계인은 가압류 취소 신청을 할 수 있다.

4) 해방공탁을 이유로 하는 가압류 취소

채무자는 가압류 청구 금액만큼을 해방공탁하고 가압류 집행 취소 신청을 할 수 있다. 가압류 금액을 해방공탁한 채무자는 그 공탁서를 첨부하여 가압류 집행 취소 신청을 하면 된다.

해방공탁금은 가압류채권자가 승소하여 집행권원을 얻게 되면 집행의 목적물이 되며, 가압류채권자가 본안소송에서 패소하면 해방공탁금은 채무자가 이를 회수할 수 있다.

7 | 공탁금
회수 방법

　가압류를 할 때 법원의 담보제공명령이 현금으로 공탁하도록 난 경우 현금공탁을 하는 경우가 있다.

　이 공탁금을 채권자가 회수하려면 가압류 취소나 각하, 본안소송의 확정, 채무자의 동의 등 일정한 사유가 있는 경우에 가능하다.

　공탁금 회수도 직접 법원에 방문하여 청구할 수도 있으나, 인터넷을 통해 전자적으로도 가능하다.

1) 가압류 신청이 취하 및 각하된 경우

　채무자에게 채무 변제를 받고 가압류 신청을 취하시켜주는 경우가 있는데, 이때 가압류 공탁금을 회수하려면 법원으로부터 취하증명원을 발급받아 공탁금회수청구서에 첨부하여 공탁금 회수 청구를 하면 된다.

공탁금 회수 청구를 할 때에는 공탁금회수청구서에 공탁서, 법인 등기부등본(법인인 경우), 취하증명원을 첨부하여 공탁소(공탁계)에 제출하면 된다.

가압류 신청이 각하된 경우에는 각하결정정본과 그 확정증명원을 발급받아 공탁금회수청구서에 공탁서, 법인등기부등본(법인등기사항 전부증명서), 인감증명서와 함께 첨부하여 공탁금 회수 청구를 하면 된다.

종업원 등이 대리인으로 공탁금 회수 청구를 하는 경우에는 위임장을 추가로 첨부해야 한다.

가압류 신청 취하나 각하되었을 때 보증보험료를 돌려받으려면 보증보험증권, 취하증명서, 각하 결정정본, 인감증명서를 첨부하여 보증보험회사에 청구하면 돌려받을 수 있다.

2) 본안소송이 확정된 경우

본안소송이 확정된 경우에도 가압류 공탁금을 회수할 수 있는데, 이때는 전부 승소한 경우와 일부승소·패소·소 취하의 경우는 절차에 있어서 차이가 있다.

❶ 전부 승소한 경우

채권자가 본안소송에서 전부 승소한 경우에 공탁금 회수를 위하여는 먼저 담보취소결정을 받아야 한다.

담보취소결정을 받으려면 담보취소신청서에 확정판결문 사본과 확정증명원을 첨부하여 가압류한 법원에 제출하면 법원에서는 바로 신청서를 검토한 후 담보취소결정을 한다.

그러면 공탁금회수청구서에 공탁서, 법인등기부등본, 위임장(대리인 신청의 경우), 인감증명서와 담보취소결정정본과 확정증명원을 첨부하여 공탁소에 공탁금 회수 청구를 하면 된다.

❷ 패소·일부승소·소 취하의 경우

채권자가 본안소송에서 패소·일부승소·소 취하를 한 경우에는 담보취소결정을 받기 위해서는 권리행사최고에 의한 담보취소신청서에 확정판결문 사본과 확정증명원을 첨부하여 가압류한 법원에 제출해야 한다. 법원에서는 바로 채무자에게 보증공탁(담보)에 대하여 권리 행사를 할 것을 최고한 후 14일 내에 채무자의 권리 행사가 없을 경우에 담보취소결정을 한다.

담보취소결정이 되면 공탁금회수청구서에 공탁서, 법인등기부등본, 위임장(대리인 신청의 경우), 인감증명서와 담보취소결정정본과 확정증명원을 첨부하여 공탁소에 공탁금 회수 청구를 하면 된다.

권리행사최고 및 담보취소신청서

사건번호　　　　카담 _____

신청인　　　(주)진선 대표이사 ○○○ (전화번호 :　　　　　)
　　　　　　　서울시 ○○구 ○○로 ○○번길
피신청인　　(주)연체 대표이사 ○○○
　　　　　　　서울시 ○○구 ○○로 ○○번길

　위 당사자 간 귀원 카담 _____호 신청 사건에 대하여 신청인이 손해담
보로서 귀원 공탁 공무원에게 ____년 __월 __일에 공탁한 금 _____원
에 관하여, 피신청인에게 일정한 기간 내 권리를 행사하도록 최고하여주시고,
만약 피신청인이 그 기간 동안 권리를 행사하지 않을 경우에는 담보취소결정
을 하여주시기 바랍니다.

첨부 서류

1. 확정판결　　　　　1통
2. 확정증명원　　　　1통
3. 위임장　　　　　　1통
4. 법인등기부등본　　1통

　　　　　　　　　　　　　　　　　　____년 __월 __일

　　　신청인 (주)진선 대표이사 ○○○ (날인 또는 서명)

　　　　　　　　○○지방법원 지원 귀중

3) 채무자의 동의가 있는 경우

채무자가 담보(보증공탁) 취소에 동의하는 경우에는 담보취소결정을 받기 위해서는 채무자의 동의서, 즉시항고권포기서, 위임장(대리인 신청의 경우), 인감증명서를 첨부하여 담보 취소 신청을 하면 담보취소결정을 받을 수 있다.

담보취소결정정본과 확정증명원을 가지고 공탁금 회수 청구를 하는 방법은 위의 본안소송이 확정된 경우에 공탁금 회수 청구하는 방법과 같다.

전자적으로 담보(공탁금) 회수 청구할 수 있는 사이트
• 대한민국법원 〉 대국민 서비스 〉 전자공탁

9장

민사소송 실무

1 | 민사소송의 제기

　채무자가 채무 변제를 연체하고 채무를 변제하지 않으면 채권자는 부득이 법적 절차를 밟아서 강제로 회수하는 방법을 고려해보아야 할 것이다. 법원에 채무자 재산에 대해 강제집행을 신청하여 강제집행 절차를 거쳐 채권을 회수해야 한다. 강제집행을 하기 위해서는 집행권원이 필요하다. 집행권원의 대표적인 것은 확정판결문인데, 확정판결문은 민사소송을 통하여 얻게 된다. 민사소송을 진행하고자 할 때는 관할법원에 소송을 제기해야 한다.

1) 소장 작성

　소송을 제기하려면 정하여진 내용을 소장에 기재하고 입증 방법과 구비서류를 첨부하여 관할법원에 제출해야 한다. 소장에 기재할 사항과 입증 방법 및 구비서류는 다음과 같다.

소장에는 당사자 표시, 청구 내용, 청구 취지, 청구 원인, 입증 방법 및 첨부 서류, 작성 연월일, 원고의 기명날인 및 간인, 법원의 표시를 다음과 같이 기재한다.

- 당사자 표시 : 원고의 성명·명칭 또는 상호, 주소, 전화번호, 우편번호, 일과 중 연락 가능한 FAX 번호. E-mail 주소, 피고의 성명·명칭 또는 상호, 주소, 우편번호를 기재하며, 주소는 성명 아랫줄에 성명의 첫 번째 글자부터 시작하여 기재한다. 주소와 송달 장소가 다를 경우에는 주소를 먼저 기재하고 송달 장소를 보충적으로 기재한다. 성명과 병기하여 한문 및 주민등록번호 (법인등록번호)를 기재하는 것이 좋다.
- 청구 내용 : 대여금 청구의 소, 물품 대금 청구의 소, 손해배상금 청구의 소와 같이 청구 내용을 기재한다.
- 청구 취지 : 청구를 구하는 내용, 표시 등을 기재하는데, 전부승소의 경우 청구 취지대로 판결주문이 나오는 경우가 많으므로 주의를 기울여 기재해야 한다.
- 청구 원인 : 권리 또는 법률관계의 성립 원인과 사실에 대해 육하원칙에 의하여 기재한다.
- 입증 방법 : 증거 서류의 명칭을 갑 제1호증 계약서, 갑 제2호증 세금계산서 등으로 기재한다. 원고가 제출하는 증거 서류는

갑 제 ____호증으로 표시한다.

- 첨부 서류 : 소장부본, 송달료 납부서, 법인등기부등본, 소송대리 허가신청 및 소송위임장, 법인인감증명서 등을 기재한다.
- 작성 연월일 : 작성한 연월일을 기재한다.
- 원고의 기명날인 및 간인 : 원고의 성명을 기재하고 날인하며 소장이 여러 장인 경우에는 간인을 날인한다.
- 법원의 표시 : 소장을 제출할 법원을 '○○지방법원 귀중'과 같이 기재한다.

증거 서류의 표시 방법은 다음과 같다.

- 원고가 제출하는 입증 서류 : 갑 제 ____호증
- 피고가 제출하는 입증 서류 : 을 제 ____호증
- 당사자 참가인이 제출하는 입증 서류 : 병 제 ____호증

위와 같이 작성한 소장에는 입증 방법과 구비서류를 첨부시켜야 하는데, 입증 방법은 계약서, 세금계산서, 채무확인서 등과 같이 청구의 내용을 입증할 수 있는 서류들을 첨부시키며, 첨부할 구비서류는 다음과 같다.

- 소장 부본 : 소장의 부본을 2통 첨부한다.

- 송달료 납부서 : 송달료를 납부하고 송달료 납부서를 첨부한다.

- 법인등기부등본(법인 등기사항 전부증명서) : 법인일 때 첨부한다.

- 소송대리 허가신청 및 소송위임장 : 소송을 회사의 직원이나 4촌 이내의 친족 등이 소송 대리하는 경우에 첨부한다.

- 인감증명서 : 인감증명서를 첨부하며, 실무에서는 기명날인을 사용인감으로 하고 사용인감계를 제출하는 경우가 많다.

소장

원고   (주)그린 대표이사 ○○○
     서울시 ○○구 ○○로 ○○번길   우편번호 : ○○○-○○○
     전화번호 :   E-mail 주소 :
피고   (주)연체 대표이사 ○○○
     서울시 ○○구 ○○로 ○○번길   우편번호 : ○○○-○○○

물품 대금 청구의 소

청구 취지

1. 피고는 원고에게 원금 금 23,000,000원 및 이에 대하여 _____년 __월 __일부터 이 소장 부본 송달일까지는 비율 연 6%, 소장 부본 송달 다음 날로부터 완제일까지는 비율 연 12%로, 각 비율에 의한 금원을 각 지급하라.
2. 소송 비용은 피고의 부담으로 한다.
3. 위 제1항은 가집행할 수 있다.
라는 판결을 구합니다.

청구 원인

1. 원고는 피고게 _____년 __월 __일 금 23,000,000원의 전자제품을 변제기 _____년 __월 __일로 하여 납품하였습니다.

2. 그런데 피고는 물품 대금 23,000,000원을 변제기 이후에도 원고의 내용증명에 의한 독촉 등 수차례 독촉에도 불구하고 변제기가 3개월 이상이 지난 지금까지 변제하지 않고 있습니다.

3. 이러한 원인으로 원고는 피고에 대하여 원금과 지연이자를 변제받기 위하여 청구를 하기에 이른 것입니다.

입증 방법

1. 갑 제1호증 매매계약서 1통
1. 갑 제2호증 세금계산서 1통

첨부 서류

1. 소장부본	2통
1. 송달료 납부서	1통
1. 법인 등기사항 전부증명서	1통
1. 소송대리 허가신청 및 소송위임장(대리인 신청)	1통

_____년 __월 __일

원고 (주)그린 대표이사 ○○○ (인)

○○지방법원 귀중

2) 인지액(인지대)과 송달료 납부

소송을 제기하려면 인지액(인지대)과 송달료를 납부해야 하는데

인지대와 송달료는 법원 구내 은행(우체국)에 납부하고 그 은행으로부터 교부받은 납부서를 소장에 첨부시킨다. 당해 심급의 소송절차가 종결된 때에는 송달료 잔액이 남게 되면 환급해주는데, 납부인이 송달료 잔액 계좌 입금 신청을 한 경우에는 신고한 예금계좌로 입금해준다. 따라서 송달료 납부서에는 원고의 은행 계좌번호도 기재한다.

소장에는 소송목적 가액에 따라 인지액(인지대)을 납부해야 한다.

인지액 산정

소가	인지액
- 소가가 1,000만 원 미만인 경우	소가의 50/10,000
- 소가가 1,000만 원 이상 1억 원 미만인 경우	소가의 45/10,000 + 5,000원
- 소가가 1억 원 이상 10억 원 미만의 경우	소가의 40/10,000 + 55,000원
- 소가가 10억 원 이상인 경우	소가의 35/10,000 + 555,000원
- 항소장의 인지액	1심 인지액의 1.5배
- 상소장의 인지액	1심 인지액의 2배

산출된 인지액이 1,000원 미만이면 1,000원으로 하고, 1,000원 이상인 경우에 100원 미만의 단수가 있는 때에는 그 단수는 계산하지 않는다.

송달료는 각 사건에 따라 송달료 계산 방식이 차이가 나는데, 각 사건별 송달료 계산 방식은 다음과 같다.

송달료 납부

사건	송달료
민사 1심 소액 사건	당사자 수×5,200원×10회분
민사 1심 단독 사건	당사자 수×5,200원×15회분
민사 1심 합의 사건	당사자 수×5,200원×15회분
민사 항소 사건	당사자 수×5,200원×12회분
민사 상고 사건	당사자 수×5,200원×8회분
민사 조정 사건	당사자 수×5,200원×5회분

3) 소장 제출 법원

민사소송을 위해 소장을 작성하여 법원에 제출하려면 국내에 있는 여러 곳의 법원 중 그 사건과 관련된 법원에 제출해야 하는데, 이것을 관할이라고 한다. 소송은 정해진 관할법원에 제기해야 한다.

소장은 보통 재판적 관할법원과 특별 재판적 관할법원, 당사자 합의에 따라 정한 관할법원에 제출할 수 있다.

특별 재판적 관할법원이 있는 경우에는 보통 재판적 관할법원과 비교하여 원고에게 유리한 법원을 선택하여 소를 제기할 수 있다.

실무에서는 재산권에 대한 소송은 의무 이행지도 특별 재판적 관할법원이 되고 금전채권도 재산권이므로, 금전채권의 경우에 의무 이행지인 채권자 주소지 관할법원에 소송을 제기하는 경우가 많다.

❶ 보통 재판적 관할법원

• 자연인 : 피고의 주소지 관할법원, 주소가 없거나 주소를 알 수 없는 때에는 거소(현재의 사실상 거주지), 거소가 없거나 알 수 없는 때에는 최후의 주소지 관할법원

• 법인 기타 단체 : 주된 사무소 또는 영업소(본점) 소재지 관할법원, 주된 영업소가 없는 때에는 주된 업무 담당자의 주소지 관할법원

❷ 특별 재판적 관할법원

• 사무소 또는 영업소에 계속 근무하는 자에 대한 소 : 근무지 법원

• 재산권에 관한 소 : 거소지 또는 의무 이행지 법원

• 어음·수표에 관한 소 : 지급지 법원

• 사무소 또는 영업소가 있는 자에 대한 소 : 그 사무소 또는 영업소의 업무에 한해 사무소, 영업소 소재지

• 불법행위에 관한 소 : 불법행위지

• 부동산에 관한 소 : 부동산 소재지

• 등기·등록에 관한 소 : 등기·등록지

• 특정 유형의 소 : 지적재산권과 국제거래에 관한 소의 경우 그에 관한 전문 재판부가 설치된 고등법원이 있는 곳의 지방법원

❸ 당사자 합의에 의한 관할법원

- 당사자가 일정한 법률관계에 기인하는 소에 대하여 서면으로 합의하여 제1심 관할법원을 정할 수 있다.
- 법률상 전속관할로 지정된 경우에는 합의관할이 인정되지 않는다.

4) 소장부본의 상대방(피고)에 대한 송달

민사소송이 제기되면 법원에서는 소장부본을 피고에게 송달하는데, 송달을 실시한 결과 수취인 부재, 폐문 부재, 수취인 불명, 주소 불명, 이사 불명 등의 사유로 송달 불능이 된 경우에는 법원은 보정 명령을 하며, 원고는 보정하거나 공시송달 등 적절한 방법을 택해야 한다.

❶ 수취인 부재 또는 폐문 부재로 송달 불능된 경우

송달받을 자가 군입대, 교도소 수감 등의 사유로 부재 중인 경우에는 군부대의 소속 및 구치소 또는 교도소명을 기재하여 주소 보정을 하면 법원에서는 그 장소로 재송달을 실시한다.

장기 여행이나 직장 생활 등으로 폐문 부재로 송달이 안 되는 경우에는 재송달 신청을 하거나 집행관이 송달하도록 하는 특별송달 신청을 한다. 특별송달 신청은 주간 특별송달 신청과 야간 및 공휴일 특별송달 신청이 있다.

❷ 주소 불명, 이사 불명으로 송달 불능된 경우

번지를 기재하지 않았거나 같은 번지에 호수가 많아서 주소를 찾을 수 없는 경우, 이사한 경우에는 새 주소를 정확하게 파악하여 주소 보정을 한다.

당사자의 주소, 거소 및 기타 송달할 주소를 알 수 없는 경우에는 소명 자료를 갖추어 공시송달 신청을 할 수도 있다.

❸ 수취인 불명으로 송달이 불능된 경우

수취인의 주소나 성명의 표기가 정확하지 않아 송달이 불능된 때에는 정확한 주소 및 성명을 적은 보정서를 제출한다.

❹ 공시송달 신청 방법

소송 서류가 이사 불명 등으로 송달 불능된 경우, 일반적인 통상의 조사를 다하였으나 당사자의 주소, 거소 및 기타 법정의 송달 장소 중 어느 한 곳도 알지 못하는 경우에 신청할 수 있다.

신청 방법은 주민등록이 말소된 경우에는 말소된 주민등록초본을 첨부하여서, 주민등록이 말소되지 않은 경우에는 피고 주소지

통·반장이나 인근 거주자의 인우보증서(불거주확인서), 근친자의 확인서를 첨부하여 신청한다.

5) 소송은 본인이나 소송 대리인이 제기한다

소송은 본인이나 소송 대리인이 제기하는데 소송상의 대리인에는 본인의 의사와 상관없이 대리인이 되는 법정 대리인과 본인의 의사에 의하여 대리권을 수여한 임의 대리인의 두 종류가 있다.

❶ 법정 대리인

법정 대리인에는 친권자와 후견인이 있다. 소송 당사자가 제한 능력자인 경우에는 원고 또는 피고로서의 유효한 소송 행위를 할 수 없다.

이 경우에는 법정 대리인이 본인(제한 능력자)을 대리하여 소송 행위를 할 수 있는데, 법정 대리인이 소송 행위를 하려면 신분 관계를 증명할 수 있는 서면, 즉 가족관계증명서 또는 주민등록등본을 제출해야 한다.

법정 대리인이 본인을 대리하여 소송 행위를 할 수 있는 범위는 다음과 같다.

- 친권자 : 일체의 소송 행위를 할 수 있다.
- 후견인 : 원칙적으로 친족회의 동의를 받아야 할 수 있다. 다만 상대방의 제소 또는 상소에 관하여 수동적인 소송 행위를 할 때는 친족회의 동의가 필요 없다.

❷ 임의 대리인

임의 소송 대리인의 자격은 합의 사건, 단독 사건, 소액 사건에 따라 차이가 있으며 어느 경우에나 소송 능력이 있고 서면으로 소송 대리권을 증명해야 한다.

대리권의 범위는 원칙적으로는 일체의 소송 행위를 할 수 있다. 다만, 반소의 제기, 소 취하, 화해, 청구의 포기, 인낙, 소송탈퇴, 상소의 제기 또는 취하, 복 대리인 선임의 경우에는 본인으로부터 특별한 권한을 부여받아야 한다.

❸ 소송 대리(임의)

- 합의 사건 : 변호사, 지배인, 국가소송수행자 이외에는 소송 대

리를 할 수 없다.

- 단독 사건 : 1억 원을 초과하지 않는 사건에 한해 당사자의 친족, 고용, 기타 특별한 관계에 있는 자는 법원의 허가를 얻어 소송 대리가 가능하다. 법원의 허가를 받을 수 있는 사람은 당사자의 배우자 또는 4촌 안의 친족과 당사자와 고용, 그 밖에 이에 준하는 계약 관계를 맺고 있는 사람이다. 소송대리허가를 받으려면 소송을 위임한다는 위임장과 소송대리허가신청서를 재판기일 전까지 제출해야 한다.
- 소액 사건 : 단독 사건의 소송대리가 가능한 자는 모두 소송 대리가 가능하며 당사자의 배우자, 직계혈족, 형제자매, 호주는 법원의 허가 없이도 소송 대리를 할 수 있다.

민사 사건은 다음과 같이 구분된다.

- 소액 사건 : 소가(소송목적 가액) 3,000만 원 이하의 사건
  어음수표의 경우도 소가 3,000만 원 이하의 경우 소액 사건
- 단독 사건 : 소가 5억 원 이하의 사건
  어음수표 금액에 관한 소는 금액에 상관없이 단독 사건
- 합의 사건 : 소가 5억 원 초과의 사건

2 | 전자소송 절차

1) 전자소송이란?

가정이나 사무실에서 인터넷을 활용하여 직접 소장과 증거 등 소송 서류를 제출할 수 있다. 상대방이 소송 서류를 제출한다면, 전자우편과 문자를 통해 서류가 제출된 사실을 통지받고 즉시 대한민국법원 홈페이지에 접속하여 출력하면서 소송 절차가 진행되는 것이다. 내 사건이 어떻게 진행되고 있는지 실시간으로 확인하고 자신의 컴퓨터로 기록·열람·발급도 가능하다.

2) 전자소송의 진행 절차

• 우선 회원 가입을 한다.
• '대한민국법원 홈페이지 〉 전자소송'에서 소장을 작성하여 소

제기를 한다.

- 소장 부본이 피고에게 송달되면 피고는 답변서를 제출한다.
- 원고는 대한민국법원 홈페이지를 통하여 준비서면을 제출한다.
- 전자문서로 송달받는다.
- 사건 기록을 온라인으로 열람·출력한다.

3) 회원 가입

'대한민국법원 홈페이지〉전자소송'에서 본인의 신원을 확인한 후 회원 정보를 입력하면 즉시 전자소송 사용자로 등록된다. '신원확인〉회원 정보입력〉회원 가입 완료'의 절차로 회원으로 가입한다.

4) 소 제기 절차

공인인증서로 로그인하고 소장을 작성하고 전자서명한 후 제출한다. '전자소송절차 진행 동의〉소장 작성〉전자서명〉소송비용 납부〉소장제출〉접수 완료'의 순서로 소장을 제출할 수 있다.

5) 답변서 제출

소장 부본을 우편으로 송달받은 피고는 소송절차안내서에 표시된 전자소송인증번호와 사건번호로 전자소송 동의를 한 후 전자적으로 답변서를 제출할 수 있다. '소장부본 수령 〉 전자소송사건등록 〉 답변서 첨부 〉 전자서명 〉 답변서 제출'의 순서로 답변서를 제출한다.

6) 준비서면 제출

'대한민국법원 홈페이지 〉 전자소송'에서 전자적으로 준비서면을 제출한다.

7) 송달 절차

전자소송에 동의한 당사자 및 대리인은 '대한민국법원 홈페이지 〉 전자소송'을 통해 전자문서로 송달받고 내용을 확인할 수 있다. '송달 서류 작성 〉 전자결제 〉 송달 서류 전자송달(휴대전화 문자 메시지, 이메일 통지) 〉 송달 문서 확인'의 절차로 이루어진다.

8) 사건 기록 열람 절차

전자소송에 동의한 당사자 및 대리인은 해당 사건의 소송 기록을 언제든지 온라인상에서 열람 및 출력할 수 있다.

진행 중인 사건에 대해 '대한민국법원 홈페이지 〉 전자소송'에서 열람하는 수수료는 무료다.

3 | 소송 절차 및 진행 과정

민사소송이 제기되면 법원에서는 소장부본을 피고에게 송달하면서 합의 사건과 단독 사건의 경우에는 30일 이내, 소액 사건의 경우에는 10일 이내에 답변서를 제출할 것을 통지한다.

소장을 받은 피고가 답변서를 정하여진 기간에 제출하지 않으면 변론 없이 판결을 선고하고, 답변서를 제출하면 이후 공방 절차에 들어가게 된다.

공방 절차는 법정 외에서 서면에 의해서 하는 서면 공방 절차와 법정에서 하는 법정 공방 절차로 진행되며, 법정 공방 절차는 다시 쟁점을 정리하고 확인하는 쟁점 정리 기일과 증인 심문 및 증거조사를 하는 집중 증거조사 기일(변론 기일)로 진행된다.

1) 서면 공방 절차

피고가 소장부본 송달일로부터 30일 이내에 답변서를 법원에 제출하면 이 답변서는 원고에게 송달되고 이 답변서를 받은 원고는 정해진 기간 내에 이에 대한 반박 준비서면을 제출해야 한다.

원고가 정하진 기간 내에 반박 준비서면을 법원에 제출하게 되면 법원에서는 이것을 다시 피고에게 송달하고, 준비서면을 받은 피고는 정하여진 기간 내에 다시 재반박 준비서면을 제출해야 한다. 이것은 다시 원고에게 송달되고, 원고는 이에 대하여 다시 반박하는 준비서면을 정하여진 기간 내에 법원에 제출하게 된다.

원고와 피고는 서면 공방 절차에서 자신의 주장을 뒷받침하는 서증을 준비서면과 함께 제출해야 한다. 이렇게 주장과 증거 자료의 제출이 완료된 사건에 대해서는 쟁점이 정리된 순서대로 쟁점 정리 기일이 지정된다.

2) 답변서의 제출

법원으로부터 소장부본을 받은 피고가 원고의 청구를 다투어 응소할 의사가 있으면, 소장부본을 받은 날로부터 30일 이내에 답변서를 제출해야 한다. 피고가 답변서를 30일 이내에 제출하지 않은 경우, 법원에서는 변론 없이 원고 승소 판결을 선고한다. 단, 30일 이내에 답변서가 제출되지 않은 경우에도 공시송달이나 공유물 분할, 경계 확정 등과 같은 소송에서는 바로 원고 승소 판결이 되지는 않는다.

피고가 제출할 답변서에는 사건번호와 당사자, 원고의 청구 취지·주장 사실에 대한 답변을 기재해야 하는데, 반박 사실은 논리정연하게 구체적으로 기재해야 유리하다.

답변서에는 증거 서류도 첨부하여 제출해야 하며, 원본 또는 등본을 상대방 수에 1부를 추가하여 제출해야 한다.

3) 준비서면 제출

소송의 당사자가 변론에서 진술하고자 하는 사항을 기재하여 법원에 제출하는 서면을 준비서면이라고 한다. 준비서면에는 사건번호와 당사자, 주장 사실과 증거 방법 등을 논리정연하게 기재하고, 상대방 주장에 대한 반박 내용 등을 기재해야 한다.

그리고 준비서면에서 주장하는 증거 자료도 준비서면을 제출할 때 같이 첨부하여 제출해야 한다.

준비서면은 반드시 법원에서 정한 기한 내에 제출해야 한다. 만약 기한을 지나 늦게 제출하면 주장이 각하되는 불이익을 받을 수

답변서

사건 20____가합 ○○○ 물품 대금

  원고   (주)그린 대표이사 ○○○
  피고   (주)연체 대표이사 ○○○

위 사건에 대하여 다음과 같이 답변합니다.

청구 취지에 대한 답변
원고의 청구는 이를 기각한다.
소송 비용은 원고의 부담으로 한다.
라는 판결을 구합니다.

청구 원인에 대한 답변
  피고는 원고로부터 원고가 주장하는 날짜에 물품을 공급받은 것은 사실이
나, 피고도 원고의 납기 지연, 원고가 납품한 물품의 하자로 인하여 원고로부터
받을 손해배상금이 있어 그 금액만큼을 상계하기로 하였고(을 제1호증 상계
통지서 참조) 나머지 금액도 ____년 ___월 ___일 변제하였으므로(을 제2호증
송금영수증 참조) 청구에 응할 수 없고 원고 주장을 전면 부인합니다.

첨부서류
1. 을 제1호증 상계통지서 사본 1통
1. 을 제2호증 송금영수증 사본 1통

____년 ___월 ___일

위 피고 (주)연체 대표이사 ○○○(인)

○○지방법원 귀중

준비서면

사건 20___가단 ○○○ 물품 대금

　원고　(주)그린 대표이사 ○○○
　피고　(주)연체 대표이사 ○○○

위 사건에 관하여 다음과 같이 변론을 준비합니다.

다음

　1. 피고의 납기 지연, 납품한 물품의 하자로 인한 손해배상금과 상계 주장에 관하여, 피고가 주장하는 납기 지연, 납품한 물품의 하자로 인한 손해배상금은 일방적인 주장이고 상계합의서 또한 일방적인 통지에 불과합니다. 원고는 피고의 주장에 대해 부인하는 내용증명을 ___년 __월 __일에 송달한바 있습니다.(갑 제3호증 내용증명 참조)

　2. 피고의 나머지 금액 변제 완료 주장에 관하여는, 피고가 제시한 송금영수증은 본 사건과는 관계없는 그 이전인 ___년 __월 __일에 원고와 피고 간에 이루어진 거래에 대한 물품 대금에 대한 송금영수증입니다.(갑 제4호증 ___년 __월 __일 발행거래명세표) 따라서 피고가 주장하는 나머지 금액과 피고가 제시한 송금영수증의 금액도 일치하지 않습니다.

　3. 피고가 주장하는 내용에 대하여 원고로서는 터무니없는 주장으로 판단되어 전면 부인합니다.

첨부서류

1. 갑 제3호증 내용증명 1통
1. 갑 제4호증 송금영수증 1통

　　　　　　　　　___년 __월 __일

　　위 원고 (주)그린 대표이사 ○○○ (인)

　　　○○지방법원 귀중

도 있다.

준비서면은 상대방의 수에 1부를 더하여 직접 또는 우편으로 제출하면 된다.

전자소송의 경우에는 '대한민국법원 홈페이지 〉 전자소송'에서 인터넷으로 제출한다.

4) 법정 공방 절차

법정 공방 절차(변론 준비 기일, 변론 기일)에는 정해진 시간을 지켜 출석해야 하며, 만약 질병 등 부득이한 사유로 출석하지 못할 때는 그 사유를 미리 법원에 신고하고 기일을 연장해야 한다.

법정 공방 절차는 쟁점 정리 기일과 집중 증거조사 기일(변론 기일)로 나누어 진행된다. 쟁점 정리 기일에는 사건의 쟁점을 최종적으로 정리하여 확인하고, 아울러 원고와 피고는 판사 앞에서 자신의 주장을 할 수 있다. 쟁점 정리 기일을 마치면 집중 증거조사 기일을 열어 당사자와 관련 증인 모두를 심문하게 된다.

당사자는 변론 준비 기일의 결과를 진술하며, 법원은 증거조사를 하고 증인을 한꺼번에 심문한 후 심리를 종결하게 된다.

5) 화해 권고 결정

법원은 재판 절차가 진행되는 도중에 사건의 공평한 해결을 위하
여 화해 권고 결정을 할 수 있다. 양 당사자가 화해 권고 결정을 송

◆ 민사재판 절차도 ◆

원고 소장 제출	• 당사자의 표시, 청구 취지, 청구 원인, 입증 방법 기재
↓	
피고에게 송달	• 소장부본 송달
↓	
답변서 제출	• 피고의 부인 답변(30일 내)
↓	
서면에 의한 준비	• 준비서면 공방
↓	
준비 기일에 의한 준비	• 주장·증거 정리
↓	
집중 증거 조사 기일	• 당사자·증인 심문
↓	
판결	• 선고 기일에 판결 선고

※ 피고가 답변서를 제출하지 않으면 자백으로 간주, 바로 선고 기일이 잡히고 판결난다.

달받고 2주 이내에 이의를 제기하지 않으면 그 결정 내용대로 재판상의 화해가 성립한다. 재판상의 화해 결정은 확정판결과 같은 효력을 갖는다.

4 | 증거 신청

민사소송에서 주장은 원고와 피고가 해야 하고, 그 주장에 대한 입증도 원고와 피고가 해야 한다.

승소하려면 증거를 어떻게 잘 제출하느냐가 중요하다. 민사소송에서 승소하느냐 패소하느냐는 증거에 의하여 누가 잘 입증하느냐에 달려 있다고 해도 과언이 아니다.

입증을 잘하기 위해서는 증거 신청 방법을 잘 활용해야 한다. 증거 신청 방법에는 다음과 같은 것들이 있다.

1) 증인 심문 신청

증인신청서에는 입증 취지, 당사자와의 관계, 증인의 출석 여부, 연락 가능한 전화번호 등을 함께 기재해야 한다.

법원에서 증인으로 채택되면 법원에서 정한 기간 내에 상대방 당자자 수에 2를 더한 통수의 증인진술서를 제출하거나, 상대방의 수에 3을 더한 통수의 증인 심문 사항을 제출해야 한다.

법원이 증인채택결정을 하였을 때는 신청인은 증거조사 비용(일당, 여비, 숙박료)을 증거조사 기일 전에 법원 보관금 취급 담당자에게 예납해야 한다. 그러나 대동 증인이 여비 등 청구권포기서를 제출한 경우에는 비용 예납 의무가 면제된다.

특별한 사유 없이 증인 심문 기일에 출석하지 아니한 증인에 대해서는 500만 원의 과태료를 부과한다. 법원은 증인이 1회 과태료 재판을 받고도 다시 출석하지 않을 때는 7일 이내의 감치에 처할 수 있다.

2) 증거 서류의 제출

증거 서류(서증)는 피고의 수만큼 추가로 사본을 준비해두었다가 변론(준비 절차) 기일에서 재판장에게 1통을 제출하고 나머지는 피고에게 주어야 한다.

서증에는 서증의 첫 페이지 왼쪽 또는 오른쪽의 중간 상단 부분에 '갑 제○호증'을 붙이면 된다. 또 같은 종류의 서증이 여러 개인 경우 '갑 제○호증의 1, 갑 제○호증의 2'라는 식으로 '갑 제○호증'이라는 하나의 모 번호 내에서 다시 가지번호를 붙이면 된다,

서증을 사본으로 제출하는 경우에는 위와 같이 서증번호를 붙이는 것 이외에도 그 첫 장과 끝장 사이에 일일이 간인하고, 끝장 하단 여백에 '원본과 상위 없음. 원고 ○○○'라고 적어 넣은 다음 날인해야 한다.

서증의 수가 방대하여 개별적으로 입증 취지를 확인하기 곤란한 경우, 서증의 작성자나 그 작성 연월일 등이 불명확한 경우 등에는 증거설명서를 제출해야 한다.

증거설명서에는 문서의 제목, 작성 연월일, 작성자 및 입증 취지와 원본의 소지 여부 등을 기재해야 한다. 입증 취지는 증명해야 할 사실을 기재하고 사안에 따라서는 작성 경위와 서증 등 구체적으로 입증하려는 사실을 함께 기재한다.

3) 검증·감정 신청

입증을 위하여 검증이나 감정이 필요한 경우에는 검증·감정 신청을 해야 한다. 법원으로부터 검증·감정의 증거가 채택되면 법원에 검증·감정신청서를 제출해야 한다. 그리고 검증·감정 비용을 예납해야 한다.

4) 법원의 서증 조사

법원으로부터 서증 조사의 증거가 채택되면 서증 조사의 대상인 문서의 보관 장소와 문서의 번호를 확인하여 법원 외 서증조사신청서를 제출해야 한다. 그리고 서증 조사에 필요한 출장 여비 등 비용을 예납해야 한다.

서증 조사 기일에는 서증 조사 장소에 출석하여 서증의 등본을 받아 서증으로 제출한다.

5) 문서송부촉탁

문서 소지자를 상대로 그 문서를 법원에 송부하여줄 것을 촉탁하는 절차를 문서송부촉탁이라 한다. 국가기관, 법인, 학교, 병원 등이 보관하고 있는 문서를 서증으로 제출하고자 할 경우에 이용되고 있다.

법원으로부터 문서송부촉탁의 증거가 채택되면 문서가 있는 장소와 그 문서의 번호 등을 확인하여 문서송부촉탁신청서를 해당 법원에 제출해야 한다.

촉탁한 문서가 법원에 도착하면 법원으로부터 그 문서를 받아 서증으로 제출해야 한다.

6) 문서제출명령

　문서제출명령이란 어느 문서를 서증으로 제출하려 하지만 이를 상대방 또는 제3자가 소지하고 있기 때문에 직접 제출할 수 없는 경우에 그에 대한 문서제출명령을 구하는 것이다.

　문서제출명령신청서에는 문서의 표시와 취지, 소지자, 증명할 사실, 제출 의무의 원인을 명시해야 한다.

　민사소송법에는 문서 소지자에 대한 문서 제출 의무를 두어, 원칙적으로 증언의 거절 사유와 같은 일정한 사유(형사소추, 치욕, 비밀 유지, 직업 비밀 등)가 있는 문서와 공무원이 직무상 보관하는 문서를 제외하고는 모든 문서를 제출하도록 하고 있다.

　문서가 법원에 도착하면 법원으로부터 그 문서를 받아 서증으로 제출해야 한다.

증거 신청을 포함하여 법원 양식을 다운로드받을 수 있는 사이트
- 대한민국법원 〉 대국민 서비스 〉 양식

5 | 판결의 선고와
판결문의 송달

1) 판결의 선고

판결은 변론이 종결된 날로부터 2~3주 후에 판결을 선고하는 것이 보통이지만 소액 사건의 경우에는 변론을 종결하면서 즉시 판결을 선고하기도 한다.

보통 법정에서 판결을 선고할 때, 원고 또는 피고가 전부 승소한 경우에는 판사가 "원고 승소" 또는 "피고 승소"라고 간단하게 선고하지만, 원고나 피고가 일부만 승소한 경우에는 원고의 청구 중에서 인정되는 부분을 구체적으로 밝힌다.

2) 판결문의 송달

판결문은 판결이 선고된 날로부터 2주 안에 송달된다. 판결문을 송달받으면 승소한 원고는 통상 붙여지는 가집행 선고에 근거하여 가집행을 할 수도 있다.

3) 판결의 확정

제1심 재판에서 승소하였더라도 상대방이 항소한다면 판결이 확정되지는 않는다. 물론 판결이 확정되기 전이라도 가집행 선고가 붙은 판결이 내려지면 강제집행을 시작할 수 있지만, 소송의 최종적인 승패가 결정되려면 결국 판결이 확정되어야 한다.

제1심 판결이 내려졌는데 패소한 당사자가 항소 기간인 14일 이내에 항소하지 않으면 판결은 확정된다.

가집행 선고
소송이 2, 3심으로 진행되어 판결 확정이 늦어져 승소자에게 발생하는 불이익이 없도록 1심 판결로 바로 채무자의 재산을 강제집행할 수 있도록 하는 판결을 말한다.

6 | 소액 사건 심판 절차

소액 사건 심판은 소송 목적이 3,000만 원을 초과하지 않는 금전채권, 기타 대체물, 유가증권의 지급을 청구하는 사건을 대상으로 한다.

소액 사건 심판은 소액사건심판법이 정하는 특례 규정에 의하여 진행되며, 일반 민사소송에 비해 간편한 절차에 따라 신속하게 집행권원을 얻을 수 있는 장점이 있다.

1) 소액 사건의 소 제기

소액 사건의 소는 구술이나 소장을 작성하여 제기할 수 있다. 소장을 제출할 때는 소장을 작성하고 인지액(인지대)과 송달료 10회분(당사자 수×5,200원×10회분)을 법원 구내 은행(우체국)에 납부하고, 납부서를 소장에 첨부하여 민사과(종합민원실)에 제출하면 된다.

2) 특례 규정

소액 사건의 소가 제기된 때에 법원은 결정으로 피고에게 청구 취지대로 이행할 것을 권고할 수 있다.

피고가 이 이행 권고 결정을 송달받은 날로부터 14일 이내에 이의 신청을 하지 않으면 확정 판결과 같은 효력을 부여되며 이행권고결정정본은 집행권원이 된다.

법원에서 이행 권고 결정이 피고에게 송달된 후 피고의 이의가 있으면 법원은 변론 기일을 즉시 지정하여 재판을 진행하게 된다.

소액 사건은 신속한 처리를 위하여 되도록 1회의 변론 기일로 심리를 마치고 즉시 선고할 수 있도록 하고 있다.

소액 사건에서는 당사자의 배우자·직계친족·형제자매·호주는 법원의 허가 없이도 소송 대리인이 될 수 있다. 이 경우에는 당사자와의 신분 관계를 증명할 수 있는 가족관계증명서 또는 주민등록등본 등으로 신분 관계를 증명하고 소송 위임장으로 수권 관계를 증명해야 한다.

법원은 소장, 준비서면 및 기타 소송 기록에 의하여 청구가 이의 없음이 명백한 때에는 변론 없이도 청구를 기각할 수 있다.

증인은 판사가 심문하고 상당하다고 인정하는 때에는 증인 또는 감정인의 신문에 갈음하여 진술을 기재한 서면을 제출하게 할 수 있으며, 판사의 직권으로 증거조사를 할 수 있다.

3) 이행 권고 결정

소액 사건의 소가 제기된 때에 법원이 결정으로 피고에게 청구 취지대로 이행할 것을 권고하는 결정을 내릴 수 있는데, 이를 이행 권고 결정이라 한다.

간이한 소액 사건에 대하여 직권에 의해 이행 권고 결정을 한 후 이에 대하여 피고가 이의를 제기하지 않으면 곧바로 변론 없이 원고에게 집행권원을 부여하는 것이 이 제도의 취지다.

이행 선고 결정이 확정된 때에는 원칙적으로 별도의 집행문 없이 이행권고결정정본으로 강제집행을 할 수 있고, 또 필요하면 채무불이행자 명부 신청이나 재산 명시 신청을 할 수 있다.

그러나 다음의 경우에는 이행 권고 결정을 할 수 없다.

- 지급명령 이의 또는 조정 이의 사건 : 독촉 절차나 조정 절차에서 소송 절차로 이행된 때에는 이행 권고 결정을 할 수 없다.
- 청구 취지나 청구 원인이 불명한 때 : 원고의 소장에 기재된 청구 취지를 그대로 인용하기 어렵거나 청구 원인이 불명확하여, 변론을 거친다 해도 원고 전부승소 판결을 하기 곤란하다고 판

단되는 경우에는 이행 권고 결정을 할 수 없다.

- 기타 이행 권고를 하기에 적절하지 않은 경우 : 이행 권고 결정은 공시송달에 의한 방법으로 피고에게 송달할 수 없다.

이행 권고 결정에는 소장부본을 첨부해야 하므로, 원고는 소액사건의 소장을 제출할 때 원고와 피고의 수에 1을 더한 숫자만큼의 소장부본을 제출해야 한다.

이는 이행 권고 결정의 원본용, 피고에게 송달하는 등본용, 확정 후 원고에게 송달하는 정본용으로 사용할 소장부본이 필요하기 때문이다.

참여 사무관 등은 이행 권고 결정을 하는 경우에는 지체 없이 피고에게 송달하고, 피고는 이행권고결정등본을 송달받은 날로부터 2주일 안에 서면으로 이의 신청을 할 수 있다.

피고의 이의 제기가 없으면 이행 권고 결정은 확정되며, 확정된 이행 권고 결정은 확정판결과 같은 효력을 부여받는다. 피고의 이의 신청이 각하된 경우에도 이행 권고 결정은 확정된다.

이행권고결정등본이 피고에게 송달 불능되면 법원에서는 원고에게 피고의 주소를 보정할 것을 명한다. 원고가 주소 보정을 하면 법원에서는 보정된 주소로 다시 이행권고결정등본을 송달하며, 원고가 변론 기일 지정을 신청한 때에는 변론 기일이 지정되어 재판으로 진행된다.

4) 판결

소액 사건의 판결 선고는 일반 민사 사건과는 달리 변론 종결 후 즉시 할 수 있으며, 판결서에 이유를 기재하지 않을 수 있다.

소액 사건에 대한 제2심 판결에 대해서는 대법원에 상고 및 재항고를 할 수 없다.

10장

지급명령과
민사조정

1 | 지급명령을 활용하자

사례

(주)그린에서는 (주)채무로부터 받을 물품 대금 2억 원이 있는데, 변제 기일이 2개월이 지나도록 (주)채무에서는 (주)그린이 여러 차례 독촉했는데도 물품 대금을 변제하지 않고 있다.

이런 이유로 (주)그린에서는 (주)채무의 재산을 강제집행하기 위하여 집행권원을 얻기로 하였다. (주)그린에서는 (주)채무의 송달될 주소가 분명하므로 소송보다 간단하게 집행권원을 얻을 수 있는 지급명령 신청을 활용하기로 하였다.

(주)그린에서는 지급명령을 신청하였고 (주)채무도 지급명령에 불복하고 이의 신청을 할 명분이 없어서 이의 제기를 하지 않아 지급명령이 확정되었다. 따라서 (주)그린에서는 신청한 지 2개월도 되지 않아 집행권원이 되는 확정된 지급명령을 얻게 되었다.

사례가 시사하는 점은 무엇일까?

물품 대금이나 대여금 채무에 대하여 채무자가 이의를 제기할 가능성은 적다. 특별한 경우를 제외하고는 갚아야 할 채무가 분명히 존재하는데 이를 부인할 경우는 드물기 때문이다.

채무자의 송달 장소가 확실하고 채무자가 이의를 제기할 가능성이 적은 경우에는 민사소송보다는 지급명령을 활용하여 집행권원을 얻는 것이 효율적이다.

지급명령이 소송 절차보다 유리한 점은 다음과 같다.

- 지급명령은 확정되기까지 2개월 정도 소요되므로 민사소송보다 시간이 상당히 적게 걸린다.
- 지급명령은 민사소송에 비해 인지대가 1/10이고 송달료도 6회분으로 적게 든다.
- 지급명령에서는 금액과 관계없이 직원이나 친족의 소송 대리가 가능하다.

지급명령은 금전 및 기타 대체물 또는 유가증권으로 일정한 금액을 지급하도록 하는 것이 목적인 채권자의 청구에 대하여 채무자가 채무를 인정하면서도 차일피일 채무 변제를 지연하는 경우에 활용된다.

채권자가 재판 절차를 거치지 않고 서면심리만으로 집행권원을 얻도록 한 제도로서, 청구 금액에 상관없이 신청 가능하며, 채무자의 이의가 없으면 지급명령이 확정되기까지 2개월 정도가 걸린다 (법원에 따라 걸리는 기간의 차이는 있다).

채권자가 지급명령 신청을 하면 법원은 서류 심사만 하여 지급명령을 발령하며, 채무자가 지급명령을 송달받은 날로부터 14일 이내에 이의 신청을 하지 않으면 지급명령은 확정되고, 확정된 지급명령은 집행권원이 된다.

1) 지급명령 신청

지급명령은 아래의 신청서에 기재하고 입증 서류와 구비서류를 첨부하여 관할법원에 제출하면 신청할 수 있다.

지급명령신청서에 기재할 사항은 다음과 같다.

- 채권자의 성명, 명칭 또는 상호, 주소, 우편번호, 전화번호, FAX 번호, E-Mail 주소 등
- 채무자의 성명, 명칭 또는 상호, 주소, 우편번호 등
- 청구 취지 : 청구를 구하는 내용·표시 등과 독촉 절차 비용을 기재한다.

- 청구 원인 : 권리 또는 법률관계의 성립 원인과 사실을 육하원칙에 따라 기재한다.
- 첨부 서류 : 채권증서, 법인등기부등본, 송달료 납부서 등
- 작성 연월일
- 작성자의 기명날인 및 간인
- 법원의 표시

지급명령신청서를 작성하면 소장에 붙이는 인지액(인지대)의 1/10에 해당하는 인지대와 6회분 송달료(당사자 수×5,200원×6회분)를 송달료 납부 은행에 납부하고, 납부서를 신청서에 첨부하여 관할법원에 제출한다.

지급명령신청서를 제출할 관할법원은 채무자의 소재지를 관할하는 지방법원(지방법원지원, 시·군 법원 포함)이다.

재산권에 관한 경우에는 거소지 또는 의무 이행지(채권자 주소지) 관할법원, 어음·수표의 경우에는 지급지 법원도 관할법원이 된다.

따라서 물품 대금, 용역 대금, 대여금 등 금전채권에 대한 지급명령 신청은 채무자 주소지 관할법원이나 채권자 주소지 관할법원 중 편리한 법원에 접수하면 된다.

지급명령 신청

채권자 (주)신영 대표이사 ○○○ (전화번호 :   )
　　　　서울시 ○○구 ○○로 ○○번길　　　우편번호 : ○○○-○○○
채무자 (주)연체 대표이사 ○○○
　　　　서울시 ○○구 ○○로 ○○번길　　　우편번호 : ○○○-○○○

청구 취지

채무자는 채권자에게 금 30,000,000원 및 이에 대하여 ＿＿＿년 ＿＿월 ＿＿일 부터 이 사건 지급명령정본의 송달일까지는 연 6%, 이 사건 지급명령정본이 송달된 다음 날부터 완제일까지는 연 12%로, 각 비율에 의한 지연 손해금과 다음 독촉 절차 비용을 지급하라는 명령을 구합니다.

다음

독촉 절차 비용 금 ＿＿＿＿＿＿＿원
(내역 : 송달료 ○○○원. 인지대 ○○○원)

청구 원인

1. 채권자는 채무자에게 ＿＿＿년 ＿＿월 ＿＿일에 금 30,000,000원을 변제 기일 ＿＿＿년 ＿＿월 ＿＿일로 약정하고 물품을 공급하였습니다.
2. 그러나 채무자는 변제기 이후에도 채권자의 수차례 독촉에도 불구하고 차일피일 미루며 현재까지 지급하지 않고 있어 본 신청을 하기에 이르렀습니다.

첨부 서류

1. 세금계산서 사본　　　　1통
2. 법인등기부등본　　　　　1통
3. 송달료 납부서　　　　　　1통
4. 위임장(대리인 신청)　　　1통
5. 법인인감증명서　　　　　1통

```
                              ____년 __월 __일

       위 채권자 (주)신영 대표이사 ○○○ (인)

              ○○지방법원 귀중
```

2) 지급명령의 요건

지급명령은 앞에서 살펴본 바와 같이 소송에 비하여 유리한 점이 많지만, 다음의 요건이 구비되어야 신청이 가능하다.

- 금전 및 기타 대체물 또는 유가증권의 지급을 목적으로 하는 청구여야 한다.
- 조건부나 기한부 신청은 불가하다.
- 이행기가 도래해야 한다.
- 채무자에게 송달이 가능해야 한다. 지급명령 절차는 공시송달 이 안 되기 때문이다.

3) 지급명령의 송달 불능 시의 조치

지급명령이 발령되면 채무자에게 지급명령정본이 송달되는데,

지급명령서에 기재한 채무자 주소지로 송달되지 않으면 법원에서는 채권자에게 일정한 기간 내에 송달 가능한 채무자 주소지를 보정하거나 소 제기 신청을 하도록 보정을 명한다.

채권자가 주소 보정을 하면 법원에서는 보정된 주소지로 재송달하고, 소 제기 신청을 하면 소송 절차로 이행되어 재판이 진행된다.

채권자가 법원의 보정 명령에 대하여 기한 내에 보정하지 않으면 지급명령 신청이 각하된다.

4) 지급명령

지급명령 신청이 적법하고 이유가 있으면 법원은 채무자를 심문하지 않고 서류만을 심사하여 바로 지급명령을 발령하므로, 채권자는 통상의 소송 절차처럼 법원의 법정에 출석할 필요가 없고 법정에 출석하는 데 따른 노력과 시간을 절약할 수 있다.

지급명령에는 당사자, 청구의 취지와 원인을 기재하고 채무액과 지급명령을 위한 비용을 변제하라고 명한다.

그리고 법원이 지급명령을 할 때에는 2주일 이내에 이의 신청을 할 수 있음을 부기하여 송달하거나, 별도 안내문을 지급명령과 같이 송달한다.

5) 이의 신청

지급명령에 이의가 있다면 채무자는 지급명령을 받은 날로부터 2주일 이내에 이의를 신청할 수 있다. 이의 신청 시에는 1회분의 송달료를 납부해야 한다.

채무자가 지급명령의 정본을 송달받고도 이의 신청을 하지 아니한 채 2주일이 경과한 때에는 지급명령이 확정되고 확정된 지급명령은 집행권원이 된다.

따라서 채무자는 지급명령정본을 송달받으면 신속하게 그 내용을 충분히 검토한 후 이의 여부에 관한 의사를 결정하고, 이의가 있으면 2주일이 지나기 전에 이의를 신청해야 한다.

채무자의 이의 신청은 이의신청서에 지급명령에 응할 수 없다는 취지만 명백히 밝히면 충분하고, 불복하는 이유는 특별히 기재할 필요가 없다.

채무자가 이의 신청을 하면 법원은 이의 제기가 적법하지 않다고 인정하는 때에는 각하하고, 적법하다고 인정하는 때에는 소송 절차로 진행한다.

소송 절차로 진행되면 청구 금액에 따라 3,000만 원 이하의 경우에는 소액 사건, 5억 원 이하인 경우에는 단독 사건, 5억 원을 초과하는 경우에는 합의 사건으로서 소송 절차가 진행된다.

지급명령에 대한 이의 신청

사건번호 20＿＿＿차 ○○○호 물품 대금

　채권자　(주)신영 대표이사 ○○○
　채무자　(주)연체 대표이사 ○○○

1. 위 독촉 사건에 관하여 채무자 ○○○는 ＿＿＿＿년 ＿＿월 ＿＿일 지급명령정본을 송달받았으나 물품 대금 30,000,000원은 이미 다 갚았고 현재 채권자 ○○○에 대한 채무는 존재하지 않습니다.
2. 따라서 위 독촉 사건 지급명령에 불복하여 이의 신청을 합니다.

＿＿＿년 ＿＿월 ＿＿일

　　위 채무자 (주)연체 대표이사 ○○○ (인)
　　　(전화번호 :　　　　　)

　　　　　○○지방법원 귀중

본안소송(민사소송)으로 진행되면 인지액(인지대)은 9/10이고, 송달료 추가분을 더 납부해야 한다.

채권자의 신청으로 민사조정으로 진행할 수도 있다.

6) 확정과 효력

채무자가 지급명령을 받은 날로부터 2주일 이내에 이의를 제기하지 않거나 이의 신청의 취하 및 각하 결정이 확정된 때에 지급명령은 확정된다.

확정된 지급명령은 집행권원이 되며, 채권자는 이를 가지고 강제집행을 신청할 수 있고 필요에 따라 채무 불이행자 명부 등재 신청과 재산 명시 신청을 할 수도 있다.

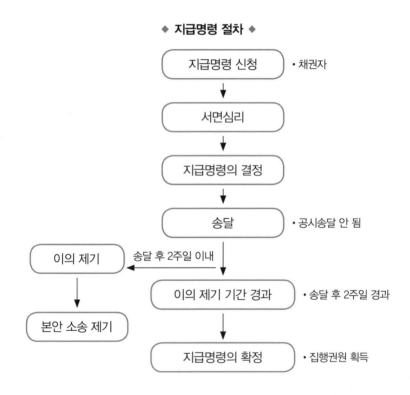

◆ **지급명령 절차** ◆

지급명령 신청 • 채권자

서면심리

지급명령의 결정

송달 • 공시송달 안 됨

이의 제기 ← 송달 후 2주일 이내

본안 소송 제기

이의 제기 기간 경과 • 송달 후 2주일 경과

지급명령의 확정 • 집행권원 획득

2 | 전자지급명령 절차

1) 전자지급명령이란?

가정이나 사무실에서 인터넷을 활용하여 직접 지급명령신청서와 입증 서류와 첨부 서류를 제출할 수 있고, 상대방이 이의 신청을 제출한 경우 등에는 전자우편과 문자를 통해 서류가 제출된 사실을 통지받고 즉시 대한민국법원 홈페이지에 접속하여 소송 절차로 진행할 수 있다.

사건이 어떻게 진행되고 있는지 실시간으로 확인하고 자신의 컴퓨터로 기록·열람·발급도 가능하다.

2) 전자지급명령의 진행 절차

• 회원 가입을 한다.

- '대한민국법원 홈페이지 > 전자소송'에서 지급명령신청서를 작성하여 신청서를 제출한다.
- 지급명령부본이 채무자에게 송달되면 채무자는 이의 신청을 할 수도 있다.
- 이의 신청이 되면 송달받을 문서는 전자문서로 송달받는다.
- 사건 기록을 온라인으로 열람·출력할 수 있다.

3) 회원 가입

'대한민국법원 홈페이지 > 전자소송'에서 본인의 신원을 확인한 후 회원 정보를 입력하면 즉시 전자소송 사용자로 등록된다. '신원 확인 > 회원 정보 입력 > 회원 가입 완료'의 절차를 거쳐 회원으로 가입한다.

4) 지급명령 신청 절차

공인인증서로 로그인한 후 지급명령신청서를 작성하고 전자 서명한 후 제출한다.

'서류 제출 > 민사 서류 > 지급명령신청 > 전자소송 절차 등 진행 동의 > 당사자 정보 입력 > 신청 취지와 신청 이유 입력 > 소명 서류와 첨부 서류 첨부〉작성 완료〉전자서명〉소송 비용 납부〉지급명령신청서 제출〉접수 완료'의 순서로 지급명령신청서를 제출한다.

5) 송달 절차

전자소송에 동의한 당사자 및 대리인은 '대한민국법원 홈페이지〉전자소송'을 통해 채무자가 이의 신청을 한 경우 법원의 보정 명령 등을 전자문서로 송달받고 내용을 확인할 수 있다.

6) 사건 기록 열람 절차

전자소송에 동의한 당사자 및 대리인은 해당 사건의 소송 기록을 언제든지 온라인상에서 열람 및 출력할 수 있다.

진행 중인 사건에 대해 '대한민국법원 홈페이지〉전자소송'에서 열람하는 수수료는 무료다.

3 | 민사조정에 대하여 알아보자

　민사조정이란 조정 담당 판사 또는 법원에 설치된 조정위원회가 간이한 절차에 따라 분쟁의 당사자로부터 각자의 주장을 듣고 여러 사정을 참작하여 관계 자료를 검토한 후, 양보와 타협을 통하여 합의를 주선·권고함으로써 분쟁을 평화적이고 간이·신속하게 해결하는 제도다.

　민사조정은 당사자 일방 또는 쌍방이 조정 신청을 하거나 소송을 심리하고 있는 판사의 직권으로 그 사건을 조정에 회부함으로써 이루어진다.

1) 민사조정 신청

　민사조정을 신청하기 위해서는 민사조정신청서에 아래의 사항을 기재하고 소송 제기 시의 인지액의 1/10의 인지액과 5회분의 송달료(당사자 수(2)×5,200원×5회분)를 법원 구내 은행에 납부한 후 납부서를 첨부하여 제출하면 된다.

민사조정신청서에 기재할 사항은 다음과 같다.

- 신청인의 성명, 명칭 또는 상호, 주소, 우편번호, 전화번호·FAX 번호, E-Mail 주소 등
- 피신청인의 성명, 명칭 또는 상호, 주소, 우편번호 등
- 신청 취지 : 어떠한 해결을 구하는지 신청을 구하는 내용, 표시 등
- 분쟁의 내용 : 다툼이 있는 사실관계를 간단명료하게 기재
- 첨부 서류 : 채권증서, 법인등기부등본, 납부서 등
- 작성 연월일
- 작성자의 기명날인 및 간인
- 법원의 표시

민사조정신청서를 제출할 관할법원은 채무자(피신청인)의 소재지를 관할하는 지방법원(지방법원지원, 시·군 법원 포함)이다.

사무소 또는 영업소 업무에 관한 청구에 관하여는 그 소재지의 지방법원이 관할법원도 되고 분쟁 목적물의 소재지, 손해 발생지 지방법원도 관할법원이 된다.

민사조정신청서

신청인 (주)신영 대표이사 ○○○ (전화번호 :   )
    서울시 ○○구 ○○로 ○○번길
피신청인 (주)연체 대표이사 ○○○
    서울시 ○○구 ○○로 ○○번길 우편번호 : ○○○-○○○

사건명 : 물품 대금 청구

신청의 취지

1. 피신청인은 신청인에게 원금 25,200,000원 및 이 신청서 부본 송달 다음 날부터 완제일까지 연 12%의 이율에 의한 금원을 각 지급하라.
2. 조정 신청 비용은 피신청인의 부담으로 한다
라는 조정을 구합니다.

신청의 이유

1. 신청인은 피신청인에게 ____년 __월 __일에 냉동식품 25,200,000원을 납품한 바 있습니다.
2. 그런데 피신청인은 신청인의 수차례 독촉에도 불구하고 부당하게 물품 하자 등을 이유로 대금 지급을 미루고 있습니다.
3. 이에 신청인은 피신청인으로부터 물품 대금의 변제를 받기 위하여 조정을 신청합니다.

첨부 서류

1. 세금계산서 사본   1통
2. 내용증명   1통
3. 법인 등기사항 전부증명서 1통

____년 __월 __일

신청인 (주)○○○ 대표이사 ○○○ (날인 또는 서명)

○○지방법원 귀중

민사조정신청도 '대한민국법원 홈페이지〉전자소송'에서 전자적으로 할 수도 있다.

2) 민사조정의 장점

민사조정은 소송 절차보다 융통성이 많으므로 법률 지식이 없는 사람도 쉽게 이용할 수 있고 자유로운 분위기에서 자기의 의견을 충분히 말할 수 있다.

민사조정 신청 시에는 소송 절차의 1/10에 해당하는 인지액과 5회분의 송달료를 납부한다.

조정 신청을 하면 즉시 조정 기일이 정하여지고 한 번의 출석으로 조정 절차가 끝나는 것이 보통이므로 단기간에 해결이 가능하다.

사회 각계 전문가가 조정위원으로 참여함으로써 그들의 경험과 전문지식이 분쟁 해결에 도움이 된다.

채무자의 경제적 사정을 고려하여 원만하고 융통성 있게 조정함으로써 당사자 사이의 감정적 대립을 피할 수 있다. 그리고 민사조정은 비공개로 진행되기 때문에 비밀 유지가 보장된다.

당사자 사이의 상호 타협과 양보에 의하여 분쟁을 해결하므로 감정 대립이 남지 않는다.

3) 절차

민사조정 신청이 있으면 즉시 조정 기일이 정하여지고 신청인과 상대방에게 그 일시와 장소가 통지된다.

당사자는 지정된 일시와 장소에 본인이 직접 출석하게 되지만, 이때 조정 담당 판사의 허가가 있으면 당사자의 친족이나 피용자 등을 보조인으로 동반하거나 대리인으로 출석하게 할 수 있다.

이해관계가 있는 사람도 조정 담당 판사의 허가를 얻어 조정에 참여할 수 있다.

당사자들은 조정 담당 판사나 조정장이 이끄는 바에 따라, 신청인이 먼저 진술하고 피신청인이 신청인의 진술에 대해 답변하는 식으로 진행된다.

조정 담당 판사와 조정위원회는 당사자 쌍방의 의견을 고루 듣고 당사자가 제시하는 자료를 검토한다. 필요한 경우에는 적당한 방법으로 여러 가지 사실과 증거를 조사하여 쌍방이 납득할 수 있는 선에서 합의를 권고하는 등 조정 절차를 진행한다.

신청인이 조정 기일에 2회 출석하지 않으면 조정 신청은 취하한 것으로 간주되며, 피신청인이 출석하지 않으면 조정 담당 판사는 상당한 이유가 있지 않은 한 피신청인의 진술을 듣지 않고 직권으로 조정에 갈음하는 결정을 내린다.

4) 조정의 성립과 불성립

　신청인과 피신청인 간에 조정 기일에 합의가 이루어지면 그 내용이 조서에 기재됨으로써 조정이 성립한다. 이 조서를 조정조서라 하며 조정조서는 집행권원이 된다.

　신청인과 피신청인 간에 합의되지 않으면 조정 담당 판사 또는 조정위원회는 상당한 이유가 없는 한 직권으로 조정에 갈음하는 결정을 할 수도 있다.

　조정에 갈음하는 결정에 대하여 이의가 있는 당사자는 결정문 수령일로부터 2주일 이내에 이의 신청을 할 수 있다. 조정에 갈음하는 결정에 대하여 이의 신청이 있으면 소송 절차로 이행되고, 2주일 이내에 이의 신청이 없는 경우에는 조정이 성립한다.

　당사자 사이에 합의가 이루어지지 아니하고 직권으로 조정에 갈음하는 결정을 하기에도 적절하지 않으면, 조정 담당 판사는 조정이 성립하지 않은 것으로 사건을 종결시킨다.

　이의 신청이 있거나 조정이 불성립하게 되면 당사자가 별도의 신청을 하지 않더라도 소송 절차로 이행된다.

　소송으로 이행되면 인지액은 소를 제기할 경우에 납부해야 할 인지액과 송달료에서 조정 신청을 할 때 이미 납부한 인지액과 송달료만큼을 공제하고 차액을 납부한다.

11장

강제집행 실무

1 | 부동산 경매 신청과 절차

집행권원을 획득했다고 하여도 채무자가 자발적으로 채무를 이행하지 않는 경우가 흔하다. 그러면 채권자는 관할법원에 강제집행 신청을 하여 강제집행 절차를 통하여 채권을 회수해야 한다.

부동산 경매를 신청하기 위해서는 물적담보가 있거나 집행력이 있는 집행권원이 있어야 한다. 담보권을 실행하기 위하여 실시하는 경매를 임의경매라 하고 집행력 있는 집행권원에 의하여 실시하는 경매를 강제경매라 한다.

1) 집행권원과 집행문이란?

집행권원이란 강제집행 절차에 의하여 청구권을 실현할 수 있는 문서를 말하는데, 집행권원에는 아래와 같은 것들이 있다.

❶ 집행권원의 종류

- 확정판결

- 확정된 지급명령

- 확정된 이행 권고 결정

- 조정조서

- 소송상의 화해조서

- 제소 전의 화해조서

- 인락조서

- 집행력이 인정된 공정증서

- 약속어음 공정증서

- 가집행 선고부 종국 판결 등

강제집행 신청을 위하여는 일부 예외를 제외하고는 집행권원에 집행문과 송달증명, 확정증명을 받아야 한다.

집행문 부여, 송달증명, 확정증명의 신청서에 각 500원의 인지를 첨부하여 1심 수소법원에 신청하면 된다. 공정증서에 집행문 부여를 신청하는 때에는 공증인에게 10,000원의 수수료를 납부하고 집행문을 부여받는다.

집행문이란 집행권원에 집행력이 있음을 밝히고 집행 당사자를 공증하기 위하여 법원 사무관이나 공증인이 정본의 말미에 부기하는 '전기 정본을 피고 ○○○에 대한 강제집행을 실시하기 위하여 원고 ○○○에게 부여한다'라는 문언을 말한다.

❷ 집행문

집행권원, 즉 확정판결문, 공정증서 등에 집행력이 있다는 것과 집행 당사자를 공적으로 증명하기 위하여 집행권원 말미에 부기하는 문언을 말한다.

❸ 수소법원

집행할 청구권의 유무를 확정하여 집행권원을 형성하는 절차를 관할하는 법원 또는 그러한 소송이 계속 중이거나 전에 계속하였던 법원을 말한다. 일반적으로 민사소송 절차가 진행되고 확정되는 법원을 말한다.

❹ 집행법원

강제집행에 관하여 법원의 권한을 행사하는 법원을 말한다. 강제집행의 실시는 원칙적으로 집행관이 하지만, 비교적 곤란한 법률적 판단을 요하는 집행행위라든가 관념적인 명령으로 족한 행정처분에 관하여는 민사집행법상 특별한 규정을 두어 법원이 이를 담당하도록 하고 있다. 집행관이 실시하는 집행에 관하여도 신중을 기할 필요가 있는 경우에는 법원의 협력 내지 간섭이 필요한데, 이러한 행위를 하는 법원이 곧 집행법원이다.

일반적으로는 강제집행 절차가 진행되는 법원이다.

신 청 서	(* 해당 사항을 기재하고 해당 번호란에 "○"표)

사건 번호 20 가 (단독 20 . . . 선고)

원고(채권자)　　　　　　　　　　　인지액 : 1,500원

피고(채무자)

1. 집행문 부여 신청

　위 당사자 간 사건의(판결, 결정, 명령, 화해조서, 인낙조서, 조정조서) 정본에 집행문을 부여하여주시기 바랍니다.

2. 송달증명원

　위 사건의(판결, 결정, 명령, 화해조서, 인낙조서, 조정조서) 정본이 20 . . . 자로 상대방에게 송달되었음을 증명하여주시기 바랍니다.

3. 확정증명원

　위 사건의 (판결, 결정, 명령, 　　　)이 20 . . . 자로 확정되었음을 증명하여주시기 바랍니다.

　　　　　　　　　　　20 . . .

위 (1항, 2항, 3항) 신청인　　원고(채권자)　　　　(날인 또는 서명)

　　　　　　　　　　　　　　　　　　법원　　　　　귀중

위 (송달, 확정) 사실을 증명합니다.

　　　　　　　　　　　20 . . .

　　　　　　　법원　법원사무관(주사)　　　　　(인)

2) 부동산 경매 신청

임의경매는 저당권, 전세권 등 담보물건을 설정한 후 이행기에 채무자가 이행하지 않을 경우 담보권 실행을 위하여 부동산 소재지 지방법원에 담보권을 증명하는 부동산등기부등본 및 담보 설정 계약서, 채권증서, 부동산 목록 등을 첨부하여 경매 신청을 하는 것을 말한다.

강제경매는 채무자가 집행권원에 따른 채무를 임의로 이행하지 않는 경우에 집행문이 부여된 집행권원, 송달증명원, 확정증명원, 부동산등기부등본, 부동산 목록 등을 구비하여 부동산 소재지 지방법원에 경매 신청을 하는 것이다.

부동산 경매 신청인은 소정의 사항을 기재한 경매신청서에 서류를 첨부하고 등록세(청구채권액의 2/1,000)와 지방교육세(등록세의 20/100)를 납부한 영수필통지서를 및 영수필확인서를 첨부하여 관할 법원에 제출하면 된다.

그리고 경매 신청을 할 때는 경매 절차에 필요한 송달료, 감정료, 현황 조사 수수료, 신문 공고료, 매각 수수료, 등기신청 수수료 등의 비용을 예납해야 한다.

부동산 경매 신청도 '대한민국법원 홈페이지 〉전자소송'에서 전자적으로 신청할 수 있다.

부동산 강제경매신청서

채권자 (주)신영 대표이사 ○○○ (전화번호 :   E-Mail 주소 :   )
　　　 서울시 ○○구 ○○로 ○○번길
채무자 (주)연체 대표이사 ○○○
　　　 서울시 ○○구 ○○로 ○○번길   우편번호 : ○○○-○○○

청구 금액

물품 대금 원금 _____원과 _____년 ___월 ___일부터 다 갚을 때까지 연 ____%의 비율에 의한 지연 손해금

경매할 부동산의 표시

별지목록 기재와 같음(등기부 표제부 내용).

경매의 원인 된 채권과 집행할 수 있는 집행권원

채무자는 채권자에게 ○○지방법원 20___가합 ○호 사건의 _____년 ___월 ___일 선고한 판결의 집행력 있는 정본에 기하여 위 청구 금액을 변제하여야 할 것이나 이를 이행하지 아니하므로 위 부동산에 대한 강제경매 절차를 개시하여주시기 바랍니다.

첨부 서류

1. 집행력 있는 판결 정본　　　　　　1통
2. 부동산 등기사항 전부증명서　　　　1통
3. 송달료 납부서　　　　　　　　　　1통
4. 부동산 목록　　　　　　　　　　　10통
5. 법인 등기사항 전부증명서(법인의 경우)　1통

_____년 __월 __일

위 채권자 (주)신영 대표이사 ○○○ (인)

○○지방법원 귀중

부동산 임의경매신청서

채권자 (주)신영 대표이사 ○○○ (전화번호 :   E-Mail 주소 :   )
　　　 서울시 ○○구 ○○로 ○○번길
채무자 (주)연체 대표이사 ○○○
　　　 서울시 ○○구 ○○로 ○○번길   우편번호 : ○○○-○○○

청구 금액
물품 대금 원금 _____원과 ____년 __월 __일부터 다 갚을 때까지
연 ___%의 비율에 의한 지연 손해금

경매할 부동산의 표시
별지목록 기재와 같음(등기부 표제부 내용).

담보권과 피담보채권의 표시
채권자는 채무자에게 ____년 __월 __일 금 _____원의 원금을 이자 연
___%, 변제 기일 ____년 __월 __일로 하여 대여하였고, 이 채무를 담보하기
위하여 채무자 소유의 별지목록 부동산에 대하여 ____년 __월 __일 ○○지
방법원 등기과 접수 제○○○호로서 근저당권 설정등기를 마쳤는데, 변제 기
일이 경과하여도 변제하지 아니하므로 위 부동산에 대한 담보권 실행을 위한
경매 절차를 개시하여주시기 바랍니다.

첨부 서류
1. 채권증서(대출약정서)   1통
2. 근저당권설정계약서   1통
3. 부동산 등기사항 전부증명서   1통
4. 송달료 납부서   1통
5. 부동산 목록   10통
6. 법인 등기사항 전부증명서   1통

____년 __월 __일

위 채권자 (주)신영 대표이사 ○○○ (인)

○○지방법원 귀중

3) 경매 절차

부동산에 대한 강제집행은 강제경매와 임의경매를 통하여 이루어지는데, 경매 절차는 다음과 같은 절차를 통하여 진행된다.

❶ 경매 개시 결정 및 등기 촉탁

경매 신청이 접수된 경우에 집행법원은 경매에 필요한 요건에 관하여 심사하여 신청이 적법하다고 인정되면 경매 개시 결정을 한다.

집행법원은 경매 개시를 결정했을 때에는 직권으로 그 사유를 등기부에 기입할 것을 등기소의 등기관에게 촉탁하며, 이 촉탁에 의하여 등기관은 경매개시결정 기입등기를 한다.

경매 개시 결정이 되면 채무자에게 경매개시결정정본을 송달한다. 경매 개시 결정의 송달은 경매 절차 진행의 적법 유효 요건이기 때문이다.

임의경매의 경우에는 소유자에게만 송달해도 되지만, 법원 실무상으로는 소유자와 채무자 모두에게 송달한다.

❷ 채권 신고의 최고

법원은 공공기관이나 부동산의 권리자 등에 대하여 채권을 신고할 것을 최고한다. 공공기관은 배당 요구의 종기까지 조세채권 등 채권의 유무를 법원에 신고(교부 청구)해야 배당받을 수 있다.

등기부에 기입된 부동산 위의 권리자 및 부동산 위의 권리자로서 그 권리를 증명하는 자는 그 채권의 원금, 이자, 비용 기타 부대채권에 대한 채권계산서를 배당 요구의 종기까지 제출해야 한다. 이때 채권계산서를 제출하지 않으면 법원은 배당요구서 및 기타 기록에 첨부된 증빙 서류에 의하여 채권액을 계산한다.

❸ 입찰의 준비

경매 개시 결정 후 집행법원의 명령에 의하여 집행관은 부동산의 현상, 점유 관계, 차임 또는 임대차보증금의 액수, 그 밖의 현황에 대한 경매 물건 현황을 조사하여 현황보고서를 제출한다.

경매 개시 결정이 되면 집행법원은 감정인에게 부동산을 평가하게 하고, 그 평가액을 참작하여 최저 입찰 가격(최저 매각 가격)을 정한다.

법원은 입찰물건명세서를 작성하고 현황조사보고서 및 감정평가서의 사본과 함께 입찰 기일 1주일 전까지 법원에 비치하여 일반인이 열람할 수 있도록 한다.

'대한민국법원 〉 법원경매정보'에서도 입찰물건명세서, 현황조사보고서, 감정평가서 등을 열람할 수 있다.

❹ 입찰 및 낙찰 기일의 지정 게시, 신문 공고, 이해관계인에 통지

공과주관 공무소(관공서)에 대한 통지, 현황 조사, 최저 입찰 가격 결정 등의 절차가 끝나면 집행법원은 입찰 명령을 하고 직권으로 입찰 기일을 지정하여 공고한다.

최초의 입찰 기일은 공고일로부터 14일 이상의 간격을 두어야 한다. 법원 입찰 기일(매각 기일)을 지정하는 동시에 직권으로 낙찰 기일(매각 결정 기일)을 정하여 공고하는데, 낙찰 기일은 대개 입찰 기일로부터 7일 후로 정하게 된다.

법원이 입찰 기일과 낙찰 기일을 지정하면 이를 이해관계인에게 통지하는데, 이는 집행 기록에 표시된 이해관계인의 주소에 등기우편으로 발송하며, 발송한 때 송달된 것으로 간주된다.

❺ 입찰의 실시

입찰하기 위해서는 경매 기일에 도장, 주민등록증, 보증금을 지참하고 경매법원에 가야 한다.

입찰 기일의 입찰 절차는 집행관이 주재하는데, 집행관은 입찰 기일에 입찰을 개시하기에 앞서 매각물건명세서, 현황조사서, 감정평가서 사본 등 집행 기록을 입찰 참가자에게 열람하게 하고, 특별 매각 조건이 있으면 이를 고지한다.

기록의 열람과 입찰 사항 등의 고지가 끝나면 집행관이 입찰표의 제출을 최고하고, 입찰 마감 시각과 개찰 시각을 고지함으로써 입찰이 시작된다.

입찰표의 제출 최고로부터 1시간 경과 후 집행관이 입찰 마감을 선언하고 개찰한다.

개찰 결과에 의하여 최고가 매수 신고인 및 차순위 매수 신고인을 결정하고 최고가 입찰자와 차순위 입찰 신고인이 결정되면, 집행관은 그들의 성명과 가격을 호창하고 입찰 절차의 종결을 고지한다.

❻ 매각 결정 절차(낙찰 절차) 및 낙찰 대금의 납부

집행법원은 낙찰 기일(매각 결정 기일)에 이해관계인의 의견을 들은 후 최고가 매수인에 대하여 낙찰 허가 여부와 대금 납부 기일을 결정하고 낙찰자에게 낙찰(매각) 대금 납부를 명한다.

❼ 매각(낙찰) 대금의 납부

낙찰 허가 결정이 확정되면 법원은 대금 지급 기한을 정하여 이를 매수인에게 통지하고, 매수인은 대금 지급 기한까지 매각 대금을 납부할 수 있다.

대금은 납부명령서와 함께 은행에 납부해야 하며, 납부할 금액은 낙찰 가격에서 입찰보증금을 공제한 금액이다.

또한 배당받을 채권자인 동시에 낙찰자인 경우에는 자기가 수령할 배당액과 낙찰 대금을 배당액에서 상계할 수 있다. 상계를 위해서는 매각 결정 기일이 끝날 때까지 법원에 상계신청서를 제출해야 한다.

❽ 소유권이전등기 등의 촉탁, 부동산 인도명령

낙찰자는 낙찰 대금을 납부하는 동시에 당해 부동산의 소유권을 취득하게 되며, 낙찰자가 등록면허세와 교육세를 납부한 영수증 등 필요한 서류를 제출하게 되면 집행법원은 낙찰자를 위하여 소유권 이전등기와 낙찰자가 인수하지 않는 부동산상의 가압류, 저당권 등 말소등기를 등기소에 촉탁한다.

매수인이 매각 대금을 낸 후에는 부동산을 인도할 것을 요청할 수 있고, 채무자가 부동산을 인도하지 않으면 매각 대금을 낸 날부터 6개월 이내에 인도명령 신청을 하여 강제적인 방법으로 부동산을 인도받을 수 있다.

❾ 낙찰

경매 입찰에서 부동산 등이 최고가를 입찰한 사람의 소유(권리)가 되도록 결정하는 것을 의미한다.

4) 신입찰(신경매)

신입찰이란 입찰 기일에 입찰을 실시하였으나 최고가 매수인이 결정되지 않았을 경우 다시 기일을 정하여 실시하는 입찰을 말한다.

입찰 기일에 최고가 매수인이 없이 입찰 기일이 종료된 경우, 최고가 매수인에게 낙찰을 허가할 수 없는 사유가 있는 경우, 입찰 기일과 낙찰 기일 사이에 천재지변 등으로 부동산이 현저히 훼손되어 최고가 매수인이 매수 신청을 취소했을 때에는 신입찰을 실시하게 된다.

입찰 기일에 최고가 매수인이 없어 신입찰을 실시하는 경우에는 최저 입찰 가격을 상당히 낮춰서 실시하는데, 보통은 20%씩 저감한다.

신입찰을 실시하였는데도 최고가 매수인이 없으면 다시 입찰 기일이 잡히며, 이때도 최저 입찰 가격(최저 매각 가격)은 다시 20% 저감된다.

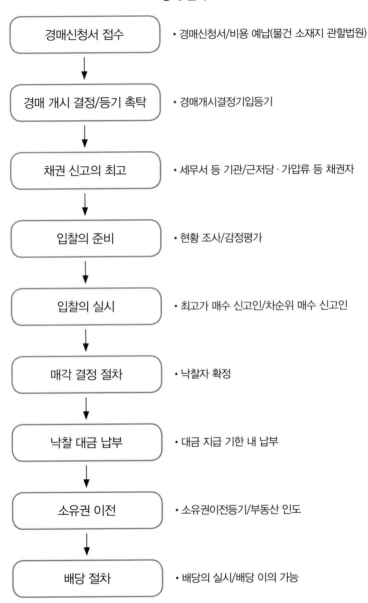

◆ 경매 절차도 ◆

경매신청서 접수	• 경매신청서/비용 예납(물건 소재지 관할법원)
↓	
경매 개시 결정/등기 촉탁	• 경매개시결정기입등기
↓	
채권 신고의 최고	• 세무서 등 기관/근저당·가압류 등 채권자
↓	
입찰의 준비	• 현황 조사/감정평가
↓	
입찰의 실시	• 최고가 매수 신고인/차순위 매수 신고인
↓	
매각 결정 절차	• 낙찰자 확정
↓	
낙찰 대금 납부	• 대금 지급 기한 내 납부
↓	
소유권 이전	• 소유권이전등기/부동산 인도
↓	
배당 절차	• 배당의 실시/배당 이의 가능

5) 배당 실시

❶ 배당 요구의 종기까지 반드시 배당 요구를 해야 할 채권자

- 확정판결 등 집행력 있는 정본을 가진 채권자
- 민법·상법 기타 법률에 의하여 우선변제청구권이 있는 채권자
  임대차보호법에 의한 소액 임차인, 확정일자부 임차인, 근로기
  준법에 의한 임금채권자 등
- 경매개시결정기입등기 후에 가압류한 채권자
- 국세 등의 교부청구권자
  국세 등 조세채권, 국민건강보험료, 국민연금, 산업재해보상보
  험료, 고용보험료, 기타 징수금

❷ 배당 요구를 하지 않아도 배당을 받을 수 있는 채권자

- 첫 경매개시결정기입등기 전에 이미 등기를 한 담보권자, 임차
  권자, 체납처분에 의한 압류권자, 가압류권자
- 배당 요구 종기까지 한 경매 신청에 의하여 2중 개시 결정이 된
  경우 뒤의 압류채권자(2중 경매 신청 한 사람)
- 첫 경매개시결정등기 후에 등기를 한 담보권자로서 배당 요구
  의 종기까지 권리 신고를 한 경우

❸ 배당요구신청서 접수

배당 요구를 하지 않아도 배당을 받을 수 있는 채권자가 아니면 배당 요구의 종기까지 배당요구신청서에 의하여 배당 요구를 해야 배당을 받을 수 있게 되며, 그때까지 배당 요구를 하지 않은 경우에는 선순위 채권자라도 경매 절차에서 배당을 받을 수 없게 될 뿐만 아니라 후순위 채권자로서 배당을 받은 자를 상대로 별도의 소송으로 부당이득반환청구를 하는 것도 허용되지 않는다.

배당 요구를 하지 않아도 배당을 받을 수 있는 채권자도 배당 요구의 종기일까지 채권계산서는 제출해야 한다. 채권자가 채권계산서를 제출하지 않으면 법원은 배당요구신청서 및 기타 기록에 첨부된 증빙 서류에 의하여 채권액을 계산한다.

배당 신청은 배당요구신청서에 사건번호, 채권자·채무자, 청구 채권, 신청 이유, 첨부 서류, 연월일, 신청인의 기명날인, 신청 법원을 기재하고 아래 서류를 첨부하여 신청하면 된다.

- 집행력 있는 판결 정본
- 송달증명원
- 법인 등기사항 전부증명서(법인의 경우)
- 위임장(대리인이 신청하는 경우)

배당요구신청서

사건번호 20___ 타경 ○ ○ ○ ○

채무자 (주)연체 대표이사 ○ ○ ○
　　　　 서울시 ○ ○ 구 ○ ○ 로 ○ ○ 번길　　　우편번호 : ○ ○ ○ - ○ ○ ○
채권자 (주)정도 대표이사 ○ ○ ○ (법인등록번호　　-　　)
　　　　 서울시 ○ ○ 구 ○ ○ 로 ○ ○ 번길　　　우편번호 : ○ ○ ○ - ○ ○ ○
　　　　 (연락처 :　　　　　　)

청구채권

원　　　금 :
지연손해금 :
합　　　계 :

신청 이유

위 배당 요구 채권자는 채무자에 대하여 귀원 ○ ○ 가단○ ○ ○ ○ 물품 대금 청구 사건에 관한 집행력 있는 판결 정본에 의한 위 기재 표시 채권을 가지고 있는바, 채무자는 이번 타채권자로부터 20 ___타경○ ○ ○ ○ 부동산 강제경매 사건으로 강제경매 집행을 받았으므로 매각 대금에 대하여 배당 요구를 하고자 합니다.

첨부 서류

1. 집행력 있는 판결 정본　　　1통
2. 송달증명원　　　　　　　　1통
3. 법인 등기사항 전부증명서　　1통
4. 위임장　　　　　　　　　　1통

　　　　　　　　　　　　　　　　　　　　　___년 __월 __일

　　　　위 배당 요구 채권자 (주)정도 대표이사 ○ ○ ○ (인)

　　　　　　　　○ ○ 지방법원 경매계 귀중

2 | 유체동산의 경매

　유체동산이란 물리적·외형적으로 재산적 가치가 있는 귀금속, 가전제품, 가구 등의 동산, 등기할 수 없는 토지의 정착물로서 독립하여 거래의 객체가 될 수 있는 것, 토지에서 분리하기 전의 과실로서 1개월 이내에 수확할 수 있는 것, 유가증권으로서 배서가 금지되지 않은 것 등을 말한다.

　유체동산의 강제집행을 하여 채권을 회수하기 위하여는 집행관에게 집행위임을 해야 한다.

1) 강제집행위임 신청 방법

　집행신청서는 집행관 사무실에 인쇄된 용지가 비치되어 있으며 신청서에는 채권자, 채무자 및 대리인의 표시, 강제집행의 목적물인 유체동산의 소재지, 집행권원의 표시, 청구 금액 등을 기재해야 한다.

강제집행신청서에 기재할 사항을 기재하고 집행권원, 법인등기부등본 등을 첨부하여 집행 목적물이 소재하는 지방법원 소속 집행관에게 강제집행위임을 하여 실시한다.

강제집행 신청을 할 때는 소정의 집행관 수수료와 집행 비용을 예납해야 한다.

2) 유체동산의 압류

집행관이 압류물을 선택할 때는 채권자의 이익을 해하지 않는 범위 내에서 채무자의 이익을 고려해야 하는데 어떤 물건을 압류할 것인가는 집행관의 재량이며, 채권자나 채무자의 의사에 제한받지 않는다.

압류 집행을 피하기 위해 채무자나 고용인 등이 모두 현장에 없는 경우도 많다. 이때 집행관은 필요한 경우에는 성인 2명이나 지방자치단체 직원, 경찰 1명의 입회하에 채무자의 주거, 창고와 기타 장소를 수색하고 잠근 문과 기구를 여는 등 적절한 조치를 취할 수 있다.

압류물은 집행관이 점유하여 보관하는 것이 원칙이지만, 채권자의 승낙이 있거나 압류물 운반이 곤란할 때는 채권자, 채무자 또는 제3자로 하여금 보관하게 할 수 있다. 이때는 봉인이나 그 밖의 방법으로 압류 표시를 해야 한다. 이는 유체동산의 집행 효력 발생 요건이므로, 이를 하지 않으면 압류는 무효다. 압류는 집행력이 있는 정본에 적힌 금액의 변제와 집행 비용의 변상에 필요한 한도 안에서 해야 한다.

집행관은 압류물을 현금화하여도 우선하는 채권과 집행 비용 외에 남을 것이 없겠다고 인정하는 때에는 압류를 취소한다. 남을 것이 없겠다는 말은 압류물의 매각 대금으로 압류채권자의 채권에 우선하는 채권과 집행 비용을 제외하면 남을 것이 없겠다고 인정되는 때를 말하며, 그 판단은 집행관이 한다.

3) 압류의 효력

압류가 집행되면 압류물을 채무자가 사용·수익하는 것이 금지되는 것이 원칙이지만, 압류물을 채무자가 보관하는 경우에는 채무자는 집행관의 허락하에 사용할 수 있다. 채무자가 압류물을 사용할 때에는 압류 표지를 훼손하지 않는 한도 내에서 통상의 용법에 따라 사용해야 한다.

압류의 표지를 불법으로 훼손하는 경우에는 공무상비밀표시무효죄에 의하여 형사 처벌을 받을 수 있다.

압류 후에 압류물이 제3자의 점유하에 있는 경우에도 압류의 효력은 그 물건에 존속된다.

채권자가 채무자의 재산을 압류하게 되면 소멸시효가 중단되고 그때부터 다시 소멸시효가 진행된다.

4) 압류 금지 물건

채무자의 재산이라고 하더라도 채무자의 보호와 공공복리를 위한 사회 정책적 목적에서 압류가 금지되는 물건을 규정하고 있다. 그 내용은 민사집행법과 개별법에 의하여 규정하고 있는데 압류가 금지되는 물건에는 아래와 같은 것이 있다.

❶ 민사집행법상 압류 금지 동산

- 생활에 필요한 의복, 침구, 가구, 부엌 가구 및 기타 생활필수품
- 생활에 필요한 2개월간의 식료품, 연료, 조명 재료
- 1개월간의 생계비(185만 원)
- 농기구, 비료, 가축, 사료, 종자
- 고기잡이, 도구, 어구, 어망 등
- 직업상 없어서는 안 될 제복, 도구 등
- 훈장, 표창, 기장 등

- 공표되지 않은 저작 또는 발명품

- 장애인용 경자동차

- 소방 설비, 경보 기구, 피난 시설 등

- 기타 도장·일기장·상업 장부·학습 용구·안경·의치 등

❷ 특별법상 압류 금지 동산

- 국가유공자 예우 등의 법률에 의한 대부 재산

- 의료법에 따른 의료 기재

- 공적인 보호, 원호 등으로 지급된 금품 등

5) 압류물의 평가

집행관은 압류 시 초과 압류를 하지 않기 위하여 스스로 압류물의 가액을 평가하여 압류조서에 적어야 한다. 압류물이 고가의 물건인 경우에는 압류 후에 적당한 감정인에게 그 평가를 하게 해야 한다. 고가의 물건의 감정인은 집행관이 선임하며 목적물의 객관적인 거래 가격을 평가할 수 있을 정도의 지식을 가지고 있으면 되고, 고도의 전문적인 지식과 경험을 가진 자에 한하지 않는다.

감정평가액은 늦어도 매각 기일까지는 결정되어야 한다. 감정평가액은 최저 매각 가격으로 특별 현금화를 명한 경우를 제외하고

는 단순히 호가 매각의 참고 자료에 불과하므로, 집행관은 그 평가액 아래로 경매하여도 현저하게 부당한 가격이 아닌 한 위법은 아니다.

6) 매각 실시

매각 기일은 압류일과 7일 이상 기간을 두고 정하여지므로, 경매는 압류일로부터 7일 이후에 실시된다.

매각 기일, 경매 장소, 경매 물건은 매각 기일 3일 전에 지정·공고하고 채권자, 채무자 및 압류물 보관자에게 통지한다. 부부가 공유한 유체동산을 압류한 경우에는 그 배우자에게 통지한다.

경매 장소는 보통 물건 소재지, 즉 물건 보관 장소가 된다. 경매를 실시하기 전에 임의이행을 권고하고, 경매 실시에 앞서 채무자가 임의이행을 하게 되면 집행관은 이를 영수하고 집행을 종결한다.

민사집행법에는 유체동산의 매각 방법에 관하여 동산의 특성을 고려하여 호가 매각을 원칙적인 방법으로 규정하고 있다. 이는 타인의 매수 가격을 알고 나서 말로 호창하는 방식이다.

호가 매각은 일반 공중의 매수 신청을 허용하여 여러 사람의 자유경쟁에 의하여 공정성을 확보하는 동시에 가급적 높은 가격으로 현금화하는 목적이 있는 것이다.

경매 실시는 집행관이 매각 기일 개시 선언 후 매수 신청 최고를 함으로써 실시되며 매수 신청 최고 시에는 경매 조건도 같이 고지한다.

경매에 참가한 자는 집행관에 대하여 자신을 매수인으로 하여줄 것을 구두로 신청할 수 있다. 경매 개시 후 최고가 매수인이 결정되면 집행관은 최고가 매수인에게 경락 결정을 하고 3회 호창함으로써 경매는 완료된다.

경매 참가가 금지되는 사람도 있는데, 채무자·집행관과 그 친족은 매수 신청을 할 수 없다.

부부가 공유한 유체동산을 압류한 경우에는 그 배우자는 우선 매수할 것을 신고할 수 있다.

매각 기일에 매수 신청이 없거나 신청 가격이 현저히 저렴하여 집행 비용을 제외하면 잉여가 없는 경우 매각 기일을 새로 정할 수 있다.

7) 매수인의 소유권 취득

유체동산 매각은 부동산 매각과는 달리 매각 기일에 매각 허가와 대금 지급 및 물건의 인도가 모두 이루어진다.

호가 매각 기일에서 매수가 허가된 때에는 그 기일이 마감되기 전에 매각 대금을 지급해야 한다. 매각 대금은 현금이나 수표로 지급한다.

압류물이 고액으로 예상되는 경우, 집행관은 1주일 안에 대금 지급 기일과 보증 금액과 제공 방법을 정할 수 있다.

매수인이 대금 지급과 상환하여 목적물을 인도받게 되면 소유권을 취득하게 된다.

8) 배당

유체동산의 강제집행에서 배당을 요구할 수 있는 채권자는 경매 전에 압류한 채권자(압류 경합 채권자 포함)와 민법, 상법, 기타 법률에 따라 우선변제청구권이 있는 채권자다.

압류 이전에 목적물에 가압류한 채권자는 압류채권자에 해당하여 배당을 받을 수 있다.

매각 대금으로 배당 요구 채권자의 전 채권을 변제할 수 없는 경우에는 집행관이 매각이 허가된 날부터 2주 이내에 배당 협의 기일을 지정하고 각 채권자에게 그 일시와 장소를 서면으로 통지한다. 배당 협의는 배당의 순위와 내용, 다시 말하면 어느 채권자에게 얼마의 금액을 배당할 것인가에 관하여 각 채권자의 의견을 조정하는 것이다. 배당 협의가 성립하기 위하여는 배당받을 수 있는 모든 채권자의 찬성이 필요하다.

채권자들 사이에 협의가 이루어지면 집행관은 협의가 이뤄진 내용대로 각각 배당하며, 채권자 간에 협의가 이루어지지 않게 되면 집행관은 바로 매각 대금을 공탁하고 사유 신고를 하여 집행법원에서 배당하게 된다.

집행법원에서 배당하는 방법은 우선변제청구권이 있는 채권자에게 우선적으로 배당하고 나머지 채권자들에게 청구 금액에 비례하여 안분배당을 한다.

유체동산을 경매된 경우 공유 지분을 주장하는 배우자는 우선 지급을 요구할 수 있는데, 보통은 채무자의 배우자가 매각 대금의 50%를 우선 지급받는다.

3 │ 채권압류 및 추심명령과 전부명령

금전채권에는 매매 대금, 대여금, 임대차보증금, 하도급 대금, 예금채권 등이 있다.

채무자의 제3채무자에 대한 금전채권에 대하여 강제집행하려면 채권을 압류하고 추심명령 또는 전부명령으로 한다.

1) 신청 방법

일반적으로는 압류명령과 추심명령 또는 압류명령과 전부명령을 동시에 신청하는 것이 보통이다.

신청 방법은 신청서에 채권자의 성명·주소·전화번호, 채무자의 성명·주소, 제3채무자 성명·주소, 청구채권 및 그 금액, 압류할 채권의 종류 및 수액, 신청의 취지 및 이유, 첨부 서류를 기재하고 확정판결 등 집행력 있는 정본, 법인일 때에는 법인등기부등본, 대리인에 의하여 신청하는 경우에는 위임장, 인감증명서를 첨부하여 채무자 주소지의 관할법원에 신청한다.

압류명령신청서에는 2,000원의 인지를 첨부해야 하고 압류명령과 추심명령 또는 압류명령과 전부명령을 동시에 신청하는 경우에는 4,000원의 인지를 첨부시켜야 한다.

그리고 신청 시 송달료는 2회분(당사자 수×5,200원×2회분)을 납부해야 한다.

채권압류 및 추심명령과 전부명령도 '대한민국법원 홈페이지 〉 전자소송 〉 서류 제출 〉 민사집행 서류'에서 전자적으로 신청할 수도 있다.

2) 압류의 효과

법원이 압류명령을 발할 때는 '제3채무자는 매매 대금 등을 채무자에게 지급하여서는 안 된다'는 지급금지명령을 발하게 된다.

압류명령이 제3채무자에게 송달되면 채무자에게 송달되지 않았다고 해도 효력이 발생한다.

압류 신청 시 또는 압류된 이후, 채권자는 추심명령을 신청하여 그 명령서를 가지고 채무자 대신 압류된 채권을 제3채무자에게서 받을 수도 있고, 전부명령을 신청하여 채무자의 제3채무자에 대한

채권을 직접 압류채권자(전부 채권자)에게 이전하는 방법을 취할 수
도 있다.

3) 추심명령

❶ 추심명령의 효력

추심명령의 효력은 제3채무자에게 송달되었을 때 발생하며, 추
심명령의 효력이 발생되면 채무자가 제3채무자에 대하여 가지고
있는 채권을 채권자가 직접 추심할 수 있는 권한을 갖게 된다.

추심명령의 효력이 발생하면 제3채무자는 추심명령을 받은 압
류한 채권자의 청구가 있으면 채무를 압류한 채권자에게 지급해
야 한다.

❷ 추심 및 배당

압류한 채권자가 채권을 추심한 때에는 집행법원에 추심 신고를
해야 하며, 신고 시까지 다른 채권자는 압류, 가압류 또는 배당 신
청을 할 수 있다.

배당 신청을 할 수 있는 채권자는 집행력 있는 정본을 가진 채권
자, 우선변제청구권이 있는 채권자, 경합 압류, 가압류한 채권자다.
배당 신청 방법은 집행법원에 배당신청서를 제출하는 방식으로 하

며, 배당신청서에는 채권의 원인과 금액을 기재해야 한다.

집행법원은 채권의 추심 신고가 있을 때까지 다른 채권자로부터 압류, 가압류, 배당 요구가 없고 집행채권 전액이 변제된 때에는 그 취지를 집행 정본에 기재하여 채권자에게 반환하고 변제에 충당하고 남은 금액이 있으면 채무자에게 반환한다.

채권의 추심 신고가 있을 때까지 다른 채권자로부터 압류, 가압류, 배당 요구가 있는 경우에는 추심 채권자가 추심한 금액을 공탁하고 배당 절차가 실시된다.

채권압류 및 추심명령 신청

채권자   (주)영원 대표이사 ○○○ (전화번호 :   )
              서울시 ○○구 ○○로 ○○번길

채무자   (주)연체 대표이사○○○
              서울시 ○○구 ○○로 ○○번길

제3채무자 (주)삼자 대표이사 ○○○
              서울시 ○○구 ○○로 ○○번길

청구채권 및 그 금액

금 _____원 (물품 대금)
금 _____원 (연체 이자)
금 _____원 (소송 비용 및 집행 비용)   합계 _____원

압류할 및 추심할 채권의 표시

별지목록 기재와 같음.

신청 취지

채무자의 제3채무자에 대한 별지목록 기재의 채권을 압류한다.

제3채무자는 채무자에게 위 채권에 관해 지급하여서는 아니 된다.

채무자는 위 채권의 처분과 영수를 하여서는 아니 된다.

위 압류된 채권은 채권자가 추심할 수 있다.

라는 판결을 구합니다.

신청 이유

채권자는 채무자에 대하여 ○○지방법원 20__가단○○호 물품 대금 청구채권의 집행력 있는 판결 정본에 표시된 금전채권을 가지고 있으나 채무자가 그 지급을 하지 아니하므로, 채무자가 제3채무자에 대하여 가지고 있는 별지목록 기재의 채권에 대한 압류명령 및 추심명령을 하여주시기 바랍니다.

첨부 서류

1. 집행력 있는 판결 정본   1통
2. 송달증명원   1통
3. 법인 등기사항 전부증명서   1통
4. 위임장(대리인 신청)   1통

____년 __월 __일

채권자 (주)영원 대표이사 ○○○ (인)

○○지방법원 귀중

4) 전부명령

❶ 전부명령이란?

전부명령이란 집행한 채권자에게 피압류채권을 이전시키는 대신, 채무 금액 상당의 집행채권을 소멸시킴으로서 채무자의 채무 변제에 갈음하게 하는 집행법원의 재판을 말한다.

전부명령은 제3채무자의 자력이 충분하고 압류하려는 채권을 제3자가 아직 가압류, 압류하지 않은 상태에서 독점적으로 채권을 확보하려 할 때 활용한다.

❷ 전부명령의 효력

전부명령 송달 전에 다른 채권자의 가압류, 압류가 먼저 있어서 압류가 경합되는 경우에는 전부명령의 효력이 발생하지 않는다.

전부명령은 제3채무자에게 송달 후 즉시항고 기간 내에 즉시항고가 없으면 확정된다.

전부명령의 효력이 발생하면 피압류채권은 채무자로부터 집행한 채권자에게 이전되며 피압류채권 금액만큼 집행채권(채무자가 갚을 돈)은 변제된 것으로 된다.

다만, 이전된 피압류채권이 존재하지 않는 때에는 집행채권(채무자가 갚을 돈)은 변제된 것으로 보지 않는다.

전부명령은 추심명령에 비교하여 독점적으로 채권추심을 할 수 있는 장점은 있지만, 전부명령의 효력이 발생하면 채무자로부터 받을 집행채권이 소멸할 수 있기 때문에 제3채무자의 자력이 취약한 경우에는 활용하지 않는 것이 좋다.

즉시항고

법원이 내린 결정에 대해 불복하는 경우에 법률이 정한 기간 내에 제기하는 항고를 의미한다.

피압류채권

채무자가 제3채무자로부터 받을 채권을 말한다.

채권압류 및 전부명령 신청

채권자   (주)영원 대표이사 ○○○ (전화번호 :   )
              서울시 ○○구 ○○로 ○○번길
채무자   (주)연체 대표이사 ○○○
              서울시 ○○구 ○○로 ○○번길
제3채무자 (주)제삼자 대표이사 ○○○
              서울시 ○○구 ○○로 ○○번길

청구채권 및 그 금액

금 _____원 (물품 대금)
금 _____원 (연체 이자)

금 _____원 (소송 비용 및 집행 비용)   합계 _____원

압류할 및 전부할 채권의 표시

별지목록 기재와 같음.

신청 취지

채무자의 제3채무자에 대한 별지목록 기재의 채권을 압류한다.

제3채무자는 채무자에게 위 채권에 관해 지급을 하여서는 아니 된다.

채무자는 위 채권의 처분과 영수를 하여서는 아니 된다.

위 압류된 채권은 지급에 갈음하여 채권자에게 전부한다.

라는 판결을 구합니다.

신청 이유

채권자는 채무자에 대하여 ○○지방법원 20__가합○○호 물품 대금 청구채권의 집행력 있는 판결 정본에 표시된 금전채권을 가지고 있으나 채무자가 그 지급을 하지 아니하므로, 채무자가 제3채무자에 대하여 가지고 있는 별지목록 기재의 채권에 대한 압류명령 및 전부명령을 하여주시기 바랍니다.

첨부 서류

1. 집행력 있는 판결 정본   1통
2. 송달증명원   1통
3. 법인 등기사항 전부증명서   1통
4. 위임장   1통

_____년 __월 __일

채권자 (주)영원 대표이사 ○○○ (인)

○○지방법원 귀중

5) 추심명령과 전부명령의 선택

전부명령을 받은 채권자는 제3채무자의 피압류채권으로부터 독점적으로 자신의 채권을 회수할 수 있지만, 추심명령을 받은 채권자는 추심 신고 전에 가압류, 압류, 배당을 요구한 채권자들이 있으면 그들과 함께 배당을 받아야 한다.

반면 제3채무자가 무자력인 경우에는 전부명령을 받은 채권자는 채무자로부터 받을 집행채권이 소멸되지만, 추심명령을 받은 채권자는 채무자로부터 받을 집행채권이 그대로 존재한다.

전부명령이 송달되기 전에 이미 가압류, 압류, 배당 요구가 있어 압류가 경합하는 경우에는 전부명령의 효력은 발생하지 않는다.

반면 추심명령은 그 전에 이미 선행 가압류, 압류권자가 있더라도 효력이 발생한다.

따라서 이미 가압류, 압류권자가 있거나 제3채무자의 자력이 불안한 경우는 추심명령을 하는 것이 유리하며, 그렇지 않은 경우에는 전부명령을 하는 것이 유리할 것이다.

4 │ 채무 불이행자 명부 등재의 활용

1) 신청 방법

채무자가 확정판결, 확정된 지급명령, 화해조서, 조정조서, 공정 증서 등 집행권원에 의한 금전채무를 부담하고 있음에도 6개월 이내에 이를 이행하지 않거나. 재산 명시 절차에서의 의무 이행을 거부하거나 허위로 한 경우에 채권자는 채무 불이행자 명부 등재 신청을 할 수 있다.

신청 방법은 채무불이행자명부등재신청서에 기재할 사항을 기재하고 집행권원이나 재산명시명령 불이행 및 허위 이행 입증 서류와 채무자의 주민등록초본 등을 첨부하여 채무자의 보통 재판적이 있는 관할법원에 제출하면 된다. 신청서에는 1,000원의 인지를 첨부하며 송달료는 5회분을 납부해야 한다.

채무 불이행자 명부 등재 신청도 '대한민국법원 홈페이지 〉 전자

채무 불이행자 명부 등재 신청

채권자 (주)정도 대표이사 ○○○ (전화번호 :   )
　　　 서울시 ○○구 ○○로 ○○번길
채무자 ○○○
　　　 서울시 ○○구 ○○로 ○○번길
　　　 주민등록번호 ○○○○○○-○○○○○○○

집행권원의 표시 및 채무액

○○지방법원 20___가합○○○호 물품 대금 청구 사건의 집행력 있는 판결 정본에 기하여 원금 금 _____원 및 ____년 __월 __일부터 완제일까지 연 10%의 지연 이자

신청 취지

채무자를 채무 불이행자 명부에 등재한다.
라는 재판을 구합니다.

신청 이유

1. 채권자가 집행권원을 얻어 내용증명에 의한 독촉 등 수차례 독촉을 하였음에도 불구하고 채무자는 집행권원을 얻은 날로부터 6개월 이상이 지난 현재까지 변제하지 않고 있습니다.
2. 그리고 채무자의 명의로 된 재산 또한 이미 타인 명의로 이전되어 집행할 만한 재산이 없는 상황입니다.
3. 따라서 채권자는 채무자에게 채무 변제의 의사를 갖도록 하기 위하여 부득이 이 신청을 하기에 이르렀습니다.

첨부 서류

1. 집행력 있는 판결 정본　　　1통
1. 송달증명원　　　　　　　　1통
1. 내용증명　　　　　　　　　1통

1. 주민등록초본(채무자)　　　1통
1. 법인 등기사항 전부증명서　　1통

　　　　　　　　　　　　　　　___년 __월 __일

　　　　채권자 (주)정도 대표이사 ○○○ (인)

　　　　　　　○○지방법원 귀중

소송 〉 서류 제출 〉 민사집행 서류'에서 전자적으로 신청할 수 있다.

2) 등재 및 제도의 취지

채무 불이행자 명부 등재 신청에 대하여 법원은 제출된 자료를 검토하고 이해관계인을 심문하여 채무자를 채무 불이행자 명부에 등재하는 결정을 한다.

채무 불이행자 명부 등재가 결정되면 법원은 법원에 비치된 채무 불이행자 명부에 등재하여 일반인에게 열람하게 하는 한편, 그 부본을 채무자의 주소지 시·구·읍·면장에게 송부하여 시·구·읍·면에 비치하여 일반인이 열람할 수 있도록 한다. 채무 불이행자 명부가 등재 및 비치되면 채무자의 명예와 신용에 흠집이 날 것이고, 채무자를 압박하여 채무를 이행하도록 간접적으로 강제하는 효과를 얻을 수 있다.

그리고 채무 불이행자 등재가 결정되면 금융기관(한국신용정보원)에도 통보되어 채무 불이행자(신용불량자)로 불이익을 받게 된다.

3) 등재 말소

채무 불이행자 등재를 말소하려면 변제 등으로 채무를 소멸시키고 이를 증명하여 법원에 채무 불이행자 명부에서 말소 신청을 해야 한다.

채무 불이행자 명부에 등재된 연도의 종결 후 10년이 경과하면 법원의 직권으로 채무 불이행자 명부를 말소한다.

5 | 재산명시를 활용하자

사례

(주)그린에서는 (주)채무를 상대로 집행권원을 얻고 집행문도 부여받았다. 그런데 여러 방면으로 채무자 재산을 조사하여보았으나 채무자 재산을 찾을 수 없었다.

(주)그린에서는 (주)채무의 재산을 알아보기 위해 재산명시 신청을 하였다.

(주)채무는 재산명시 기일에 재산 목록을 제출하고 선서하라는 법원의 명령을 받았고, 법원의 재산명시기일통지서에는 이를 위반하면 20일 이내에 유치장, 구치소 등에 감치될 수 있다는 내용도 기재되어 있었다. 이에 심리적 부담을 받은 (주)채무에서는 (주)그린에 방문하여 협의하고 싶다는 전화가 왔다. 재산명시 절차를 통하여 그동안 (주)그린의 연락에 묵묵부답이던 채무자인 (주)채무를 협상 테이블로 끌어낸 것이다.

재산명시제도는 일정한 집행권원에 의한 금전채무를 부담하는 채무자가 채무를 이행하지 않는 경우에 채권자의 신청에 따라 법원이 그 채무자가 강제집행의 대상이 되는 재산과 일정한 기간 내의 재산 처분 상황을 명시한 재산 목록을 작성하여 제출하고, 그 진실성에 관하여 선서하는 법적 절차다.

1) 신청 방법

채권자는 채무자가 확정판결, 확정된 지급명령, 화해조서, 조정조서, 공정증서 등 집행권원에 의하여 금전채무를 부담하고 있음에도 이를 이행하지 않고 채무자의 재산 발견도 쉽지 않은 때에 재산명시 신청을 할 수 있다.

재산명시신청서에는 채권자·채무자와 그 대리인, 집행권원, 채무자가 이행하지 아니하는 금전채무액, 신청 취지와 신청 이유를 적어야 하고, 집행권원과 내용증명 등을 함께 첨부하여 채무자의 보통 재판적이 있는 곳을 관할하는 법원에 제출하면 된다.

신청서에는 1,000원의 인지를 첨부시키며 5회분의 송달료를 납부해야 한다.

재산명시 신청도 '대한민국법원 홈페이지 〉 전자소송 〉 서류 제출 〉 민사집행 서류'에서 전자적으로 신청할 수도 있다.

재산명시 신청

채권자   (주)정도 대표이사 ○○○ (전화번호 :   )
          서울시 ○○구 ○○로 ○○번길
채무자   (주)정도 대표이사 ○○○ (전화번호 :   )
          서울시 ○○구 ○○로 ○○번길

1. 집행권원의 표시 : ○○지방법원 20__가단○○호 ○○ 청구 사건의 집행력
있는 판결 정본
1. 채무자가 이행하지 않는 금전채무액 : 금 _____ 원

신청 취지
채무자는 재산을 명시한 재산 목록을 제출하라.
라는 명령을 구합니다.

신청 이유
1. 채권자는 채무자에 대하여 ○○지방법원 20__가단○○호 ○○ 청구 사건의
집행력 있는 판결 정본을 가지고 있습니다.
2. 그러나 채무자는 채권자의 내용증명 등으로 수차례의 독촉에도 불구하고 채
무 변제를 이행하지 않고 있습니다.
3. 채권자는 채무자의 재산을 강제집행하기 위하여 채무자의 재산을 여러 방
면으로 탐색하였으나 채무자의 재산을 발견하기가 어려운 입장으로 이 신청을
하기에 이르렀습니다.

첨부 서류
1. 집행력 있는 판결 정본   1통
1. 확정증명원   1통
1. 내용증명   1통
1. 법인 등기사항 전부증명서   1통

```
                              ___년 __월 __일

위 채권자 (주)정도 대표이사 ○○○ (인)

          ○○지방법원 귀중
```

2) 제도의 취지

채권자가 재판에서 승소 판결을 받는 등 집행권원을 가지고 있더라도 채무자가 자발적으로 그 채무를 변제하지 않는 때에는 채권자는 채무자의 재산을 찾아내어 강제집행을 해야 한다. 그러나 채권자에게는 채무자의 재산을 조사·탐지하거나 강제 수색할 수 있는 권한이 없고, 무리하여 채무자의 재산을 추적하다가는 불법행위로 오히려 문제만 발생시킬 수가 있다.

또한 채무자가 채무 면탈을 하기 위하여 그 재산을 은닉하거나 거짓으로 양도하는 경우에는 채권자가 많은 시간과 비용, 노력을 기울여 얻어낸 판결이 무용지물이 되므로, 판결을 한 법원의 권위에 손상을 가하고 채무자의 준법정신의 해이를 초래하는 결과를 초래한다. 이러한 문제점을 해소하기 위하여 강제집행제도의 실효성, 기능을 제고하고 적정·신속한 집행을 도모하기 위하여 만들어진 제도가 재산명시제도다. 재산명시제도를 활용하여 채권자는 채무자의 책임재산을 알 수 있어 강제집행을 용이하게 할 수 있다.

그리고 자기 재산의 공개 및 법원에 출석하여 선서하는 것을 꺼리는 채무자에 대하여 심리적 부담을 줌으로써 채무를 자진하여 이행하도록 하는 간접강제의 효과도 얻을 수 있다.

3) 명시 기일의 실시

법원은 채권자의 재산명시 신청에 정당한 사유가 있다고 인정한 때에는 결정의 형식으로 채무자에게 재산 상태를 명시한 재산 목록의 제출을 명하고, 이 명령을 채권자와 채무자에게 송달한다.

재산명시명령이 송달되면 채무자는 명시 기일에 출석하여 자신의 성명, 본적, 주소, 직업 등의 인적사항과 강제집행의 대상이 되는 재산, 명시 명령의 송달 전 1년 이내에 채무자가 한 부동산의 유상양도 그리고 동 기간 내 채무자가 배우자, 직계혈족, 4촌 이내의 방계혈족 및 그 배우자 등에 대하여 한 부동산 이외의 재산 유상양도, 재산명시명령 송달 전 2년 이내에 채무자가 한 재산상의 무상 처분 등의 사항을 기재한 재산 목록을 제출해야 한다.

만약 제출한 내용에 허위가 있는 경우에는 처벌을 받겠다는 취지의 선서를 해야 한다.

재산명시 기일에는 반드시 본인이 직접 출석해야 하고, 법인의 경우에는 법인의 대표이사가 출석해야 한다.

갑작스러운 질병이나 명시 명령 이전부터 외국에 체류하여 명시 기일에 출석할 수 없는 경우, 명시기일출석요구서가 보충적으로 송달되었으나 채무자가 그 사실을 알지 못한 경우 등 부득이한 사유로 명시 기일에 출석할 수 없을 때는 기일 연기 신청을 해야 한다.

4) 재산명시명령 위반자에 대한 제재

재산명시제도를 통하여 채무자의 책임재산을 파악하고 채무자에 대하여 그 채무 이행을 간접 강제함으로써 재산명시제도의 실효성을 제고하기 위하여 민사집행법에서는 재산명시명령 위반자에 대한 제재 규정을 두고 있다.

재산명시명령을 받은 채무자가 정당한 사유 없이 명시 기일에 출석하지 아니하거나 재산 목록의 제출을 거부 또는 선서를 거부한 때에는 법원은 감치재판 절차를 개시하여 20일 이내의 감치에 처할 수 있다.

채무자가 허위의 재산 목록을 제출하는 경우에는 3년 이하의 징역 또는 500만 원 이하의 벌금 처벌을 받는다.

5) 재산명시명령에 대한 불복

채무자는 채권자가 강제집행 개시의 요건을 구비하지 못한 경우, 채무자의 재산 발견이 용이하다고 인정할 만한 명백한 사유가 있는 경우 등 재산명시 명령의 요건이 구비되지 않았을 때는 명령을 송달받은 날로부터 7일 이내에 법원에 서면으로 이의 신청을 할 수 있다.

6) 재산조회 신청

재산명시 절차가 끝난 때에 채무자의 불출석, 재산 목록 제출 거부, 선서 거부, 허위 재산 목록 제출 등의 사유가 있거나 채무자가 제출한 재산 목록의 재산만으로는 집행채권의 만족을 얻기에 부족하면 채권자는 재무자 명의의 재산에 대하여 조회 신청을 할 수가 있다.

재산조회는 재산명시를 신청한 채권자의 신청에 따라 개인의 재산 및 신용에 관한 전산망을 관리하는 법원행정처, 국토교통부, 특별시·광역시·도, 특허청, 금융기관 등 공공기관 및 단체 등에 채무자 명의의 재산에 대하여 조회할 수 있다.

같은 협회 등에 소속된 금융기관에 대한 재산조회는 협회 등을 통하여도 할 수 있다. 이때 재산조회를 받은 금융기관의 장은 소속 협회 등의 장에게 조회 사항에 관한 정보의 자료를 제공해야 하고 그 협회 등의 장은 제공받은 정보와 자료를 정리하여 한꺼번에 법원에 제출해야 한다.

재산조회 신청을 하고자 하는 때에는 조회할 기관·단체를 특정해야 하며 조회에 드는 비용은 미리 내야 한다.

12장

기업회생 절차에서의
채권 행사

1 | 회생 절차 개시 전 보전처분·
중지·금지 명령

1) 가압류·가처분 그 밖의 보전처분

법원은 회생 절차 개시 신청이 있는 때에는 이해관계인의 신청에 의하거나 직권으로 회생 절차 개시 결정이 있기 전까지 채무자의 업무 및 재산에 관하여 가압류·가처분 및 그 밖에 필요한 보전처분을 명할 수 있다.

2) 다른 절차의 중지 명령 등

법원은 회생 절차 개시의 신청이 있는 경우 필요하다고 인정하는 때에는 개시 결정이 있을 때까지 다음 각 호의 어느 하나에 해당하는 절차의 중지를 명할 수 있다.

① 채무자에 대한 파산 절차

② 회생채권 또는 회생담보권에 기한 강제집행·가압류·가처분, 담보권 실행을 위한 경매 절차로서 채무자 재산에 대하여 이미 행해지고 있는 것

③ 채무자의 재산에 관한 소송 절차

④ 채무자의 재산에 관하여 행정청에 계속되는 절차

⑤ 국세징수법 또는 지방세기본법에 따른 체납 처분, 국세징수법 예에 의한 체납 처분 또는 조세 채무 담보를 위하여 제공된 물건의 처분

3) 회생채권·회생담보권에 기한 강제집행 등의 포괄적 금지 명령

법원은 회생 절차 개시의 신청이 있는 경우, 위의 '2) 다른 절차의 중지 명령 등'에 의해서는 회생 절차의 목적을 충분히 달성하지 못할 우려가 있다고 인정할 만한 특별한 사정이 있을 때에는 개시 결정이 있을 때까지 모든 회생채권자 및 회생담보권자에 대하여 회생채권 또는 회생담보권에 기한 강제집행 등의 금지를 명할 수 있다.

포괄적 금지 명령이 있으면 채무자의 재산에 대하여 이미 행하여진 회생채권 또는 회생담보권에 기한 강제집행 등은 중지된다.

2 | 회생 절차의 개시 효과

1) 다른 절차의 중지

회생 절차 개시 결정이 있는 때에는 다음을 청구할 수 없다.

- 파산 또는 회생 절차 개시의 신청
- 회생채권 또는 회생담보권에 기한 강제집행 등
- 국세징수법에 의하여 징수할 수 있는 청구권으로서, 그 징수 우선순위가 일반 회생채권보다 우선하지 아니하는 것에 기한 체납 처분

회생 절차 개시 결정이 있는 때에는 다음의 절차는 중지된다.

- 파산 절차

- 채무자 재산에 대하여 이미 행한 회생채권 또는 회생담보권에 기한 강제집행 등
- 국세징수법에 의하여 징수할 수 있는 청구권으로서, 그 징수 우선순위가 일반 회생채권보다 우선하지 아니하는 것에 기한 체납 처분

회생 절차 개시 결정이 있는 때에는 다음의 기간 중 말일이 먼저 도래하는 기간 동안 회생채권 또는 회생담보권에 기한 채무자의 재산에 대한 국세징수법 또는 지방세기본법에 의한 체납 처분, 국세 징수의 예에 의하여 징수할 수 있는 청구권 의한 체납 처분과 조세 채권 담보를 위하여 제공된 물건의 처분은 할 수 없으며, 이미 행한 처분은 중지된다.

- 회생 절차 개시 결정이 있는 날부터 회생 계획 인가가 있는 날까지
- 회생 절차 개시 결정이 있는 날부터 회생 절차가 종료되는 날까지
- 회생 절차 개시 결정이 있는 날부터 2년이 되는 날까지

2) 소송 절차의 중단

회생 절차 개시 결정이 있는 때에는 채무자의 재산에 관한 소송 절차는 중단된다.

3) 회생 절차 개시 후의 권리 취득

회생 절차 개시 이후 회생채권 또는 회생담보권에 관하여, 채무자의 재산에 대한 권리를 채무자의 행위에 의하지 아니하고 취득한 때에도 그 효력을 주장하지 못한다.

4) 회생 절차 개시 후의 등기와 등록

부동산 또는 선박에 관하여 회생 절차 개시 전에 생긴 등기 원인으로 회생 절차 개시 후에 한 등기는 회생 절차와의 관계에서는 그 효력을 주장하지 못한다.

3 | 회생채권 등의 신고 및 신고 기간

1) 회생채권의 신고

회생 절차에 참가하고자 하는 회생채권자는 신고 기간 안에 다음 각 호의 사항을 구비서류(증거 서류)를 첨부하여 법원에 제출해야 한다.

- 성명 및 주소
- 회생채권의 내용 및 원인

회생채권에 관하여 회생 절차 개시 당시 소송이 계속되는 때에는 회생채권자는 위에 규정된 사항 외에 법원·당사자·사건명 및 사건 번호를 신고해야 한다.

회생채권 신고서에 첨부할 구비서류는 다음과 같다.

- 회생채권 신고내역서
- 세금계산서 등 채권증서
- 법인등기부 등본
- 위임장, 대리인의 신분증
- 법인인감증명서

2) 회생담보권의 신고

회생 절차에 참가하려는 회생담보권자는 신고 기간 안에 다음 각 사항을 구비서류(증거 서류)를 첨부하여 법원에 제출해야 한다.

- 성명 및 주소
- 회생담보권의 내용 및 원인
- 회생담보권의 목적 및 그 가액

회생담보권에 관하여 회생 절차 개시 당시 소송이 계속되는 때에는 회생채권자는 위에 규정된 사항 외에 법원·당사자·사건명 및 사건 번호를 신고해야 한다.

회생담보권 신고서에 첨부할 구비서류는 다음과 같다.

- 회생담보권 신고내역서
- 세금계산서 등 채권증서
- 법인등기부 등본
- 위임장, 대리인의 신분증
- 법인인감증명서

3) 회생채권의 신고 기간

회생채권 신고는 법원에서 정한 1주일 이상, 1개월 이내의 기간에 해야 한다. 다만 회생채권자 또는 회생담보권자는 책임을 질 수 없는 사유로 인하여 신고 기간 안에 신고하지 못한 때에는 그 사유가 끝난 후 1개월 이내에 그 신고를 보완할 수 있다.

회생채권
회생절차 개시 전에 발생한 채권으로 물적담보가 없는 채권

회생담보권
회생절차 개시 전에 발생한 채권으로 물적담보가 있는 채권

4 │ 회생채권과 공익채권

1) 회생채권

회생채권은 회생 절차에 의하여만 변제를 받을 수 있다.

회생채권에 해당하는 것으로는 아래와 같은 것들이 있다.

- 채무자에 대하여 회생 절차 개시 전에 생긴 재산상의 청구권(물품 대금, 용역 대금, 공사 대금, 대여금 등)
- 회생 절차 개시 후의 이자
- 회생 절차 개시 후의 불이행으로 인한 손해배상금 및 위약금
- 회생 절차 참가의 비용 등

2) 공익채권

공익채권은 회생채권에 우선하여 회생 절차에 의하지 아니하고 수시로 변제를 받을 수 있다.

공익채권에 해당하는 것으로는 아래와 같은 것들이 있다.

- 회생채권자 등을 위한 재판상비용청구권
- 회생 절차 개시 후의 채무자의 업무 및 재산의 관리와 처분에 관한 비용 청구권
- 회생 계획 수행을 위한 비용청구권
- 관리인, 기업회생에 공적이 있는 채권자 등에 대한 비용·보수·보상금·특별보상금청구권
- 채무자의 업무 및 재산에 관하여 회생 절차 개시 이후 채무자에 대하여 생긴 청구권
- 사무 관리 또는 부당 이득으로 인하여 회생 절차 개시 후에 생긴 청구권
- 계속적 공급 의무를 부담하는 쌍무계약의 상대방이 회생 절차 개시 신청 후 회생 절차 개시 전까지 한 공급으로 생긴 청구권
- 회생 절차 개시 신청 전 20일 이내에 채무자가 계속적이고 정상적인 영업활동으로 공급받은 물건에 대한 대금청구권

- 회생 절차 개시 당시 아직 납부 기한이 도래하지 않은 특정 채권
- 채무자의 근로자의 임금, 퇴직금 및 재해보상금
- 채무자 또는 보전 관리인이 회생 절차 개신 신청 후 개시 결정 전에 법원의 허가를 받아 행한 자금의 차입, 자재의 구입, 그 밖의 채무자의 사업을 계속하는 데에 불가결한 행위로 인하여 생긴 청구권
- 채권자 협의회의 활동에 필요한 비용
- 채무자를 위하여 지출하는 부득이한 비용 등

5 | 회생 절차에서의
    부인권

1) 부인할 수 있는 행위

관리인은 회생 절차 개시 이후 채무자의 재산을 위하여 다음의 행위를 부인할 수 있다.

- 채무자가 회생채권자 또는 회생담보권자를 해하는 것을 알고 한 행위
- 채무자가 부도나 회생 절차 신청 후에 회생채권자, 회생담보권자를 해하는 행위와 담보의 제공 또는 채무의 소멸에 관한 행위
- 채무자가 부도가 난 후 또는 그 전 60일 이내의 행위로서 채무자의 의무에 속하지 않는 행위
- 채무자가 부도가 난 후 또는 그 전 6개월 이내에 한 무상행위

및 이와 유사행위 등

2) 부인권 행사 방법

부인권은 소, 부인의 청구 또는 항변의 방법으로 관리인이 행사한다.

부인권의 소는 회생법원의 관할에 전속한다.

3) 부인권 행사의 효과

부인권의 행사로 채무자의 재산을 원상으로 회복시킨다. 채무자의 행위가 부인된 경우 상대방이 그가 받은 급부를 반환하거나 그 가액을 상환한 때에는 상대방의 채권은 원상으로 회복된다.

채무자의 행위가 회생계획안 심리를 위한 관계인 집회가 끝난 후, 또는 법원의 서면결의에 부치는 결정이 있은 후에 부인된 때에는, 상대방은 부인된 날부터 1개월 이내에 신고를 보완할 수 있다.

부인권

회생 채무자가 한 행위 중 회생채권자들에게 손해가 되는 행위를 무효로 할 수 있는 권리를 의미한다.

6 │ 회생채권자·회생담보권자 등의 확정·기재

1) 회생채권·회생담보권 등의 확정

회생채권 등의 조사 기간 안에 이의가 없는 때에는 다음 회생채권과 회생담보권이 확정된다.

- 신고된 회생채권 및 회생담보권
- 신고된 회생채권 및 회생담보권이 없더라도 관리인에 제출한 목록에 기재되어 있는 회생채권 및 회생담보권

2) 회생채권자표 및 회생담보권자표의 기재

법원 사무관 등은 회생채권 및 회생담보권에 대한 조사 결과를 회생채권자표·회생담보권자표에 기재해야 한다.

법원 사무관 등은 확정된 회생채권 및 회생담보권의 증서에 확정된 뜻을 기재하고 법원의 인(도장)을 찍어야 한다.

법원 사무관 등은 회생채권자 또는 회생담보권자의 청구에 의하여 그 권리에 관한 회생채권자표 또는 회생담보권자표를 교부한다.

확정된 회생채권 및 회생담보권을 회생채권자표 및 회생담보권자표에 기재한 때에는 그 기재는 확정판결과 동일한 효력이 있다.

13장

대손 처리 · 대손 세액 공제

1 | 대손충당금과 대손 처리

    부실채권이 발생하여 채권을 회수할 수 없게 되었을 때 대손 처리의 방법에 의하여 세금을 절감할 수 있다.

    여러 가지 방법으로 회수하려 노력하였는데도 채무자의 무자력으로 인해 회수할 수 없다면 대손 처리 방안을 검토해 보아야 한다. 보통 12월에 결산하는 회사의 경우, 12월 중으로 대손 처리 요건 구비 여부 등을 점검하여 대손 처리 대상 채권을 확정하여 연말 결산에 반영한다.

    실무적으로 대손 처리를 하였다고 하여 회수 활동을 중단하여서는 안 되며, 대손 처리한 채권도 별도로 관리하면서 지속해서 회수 노력은 해야 한다.

    세법에서는 대손이 예상되는 대손 추산액에 대하여 일정 금액의 한도 내에서 대손충당금으로 설정한 금액을 손금(비용)으로 인정해 주고 있다.

1) 회계 처리

기업의 영업 활동에서 발생하는 회수 불능 채권은 수익 비용 대응의 원칙에 따라 기업회계 기준에서는 장래에 발생할 것으로 예상되는 대손 가능 금액을 추계하여 당기의 비용으로 인식함과 동시에 대손충당금으로 설정하도록 하고 있다.

소득세법과 법인세법에서는 일정한 범위에서 기업이 비용으로 계상한 대손충당금을 각 사업 연도 소득 금액 계산상 손금으로 산입할 수 있도록 규정하고 있다. 손금으로 산입하게 되면 그 금액에 대한 세율만큼의 세금을 덜 내게 되는 것이다.

소득세법과 법인세법에서 인정하는 일정한 금액 범위는 외상 매출금, 받을 어음, 대여금, 기타 이에 준하는 채권에 대하여는 장부가의 1/100과 직전 연도 말 채권 잔액에 대손 실적률을 곱하여 계산한 금액 중 큰 금액을 한도로 대손충당금을 손금에 산입할 수 있도록 하고 있다.

여기서 대손 실적률=당해 사업 연도의 대손금/직전 사업 연도 종료일 현재의 채권 잔액에 의하여 계산된다.

당해 연도에 설정할 대손충당금에서 직전 연도에 이미 설정된 대손충당금을 차감한 금액에 대하여만 당해 연도에 대손충당금으로 추가 설정한다.

이는 보충법에 의한 대손충당금 설정 방법인데 회계 처리 방법을 예시하면 다음과 같다.

A회사의 당해 연도 채권액이 6,000,000원으로 이의 1%를 대손충당금으로 설정하는 경우

구분	회계 처리
직전 연도 대손충당금이 50,000원인 경우	(차) 대손 상각 10,000 (대) 대손충당금 10,000
직전 연도 대손충당금이 60,000원인 경우	회계 처리 없음
직전 연도 대손충당금이 70,000원인 경우	(차) 대손충당금 10,000 (대) 대손충당금 환입 10,000

위의 예시에서 보는 바처럼 첫 번째 경우에서처럼 직전 연도 대손충당금 잔액이 당해 연도에 설정할 대손충당금 잔액보다 작은 경우에는 대손 상각이라는 손금(비용)이 10,000원 발생하며, 세 번째 경우와 같이 직전 연도 대손충당금 잔액이 오히려 당해 연도에 설정할 대손충당금 잔액보다 큰 경우에는 대손충당금 환입이라는 익금(수익)이 10,000원 발생한다.

2) 대손 처리를 할 경우

개인사업자든 법인사업자든 연 1회 소득세와 법인세를 납부하게 된다.

세금은 과세표준에 세율을 곱하여 계산하게 되는데, 과세표준은 기업 회계 기준에 의하여 처리한 기업 회계상의 순이익을 기준으로 하는 것이 아니라 여기에 세무 조정이라는 절차를 거쳐 확정된다.

세무 조정에서는 기업 회계상의 순이익에 세법에 의하여 정하여진 조정 사항을 가감하여 과세표준을 확정한다. 용어도 기업 회계 기준에서 수익과 비용으로 쓰지만, 세무 회계에서는 익금과 손금이라고 쓴다.

부실채권 중 세무상 세법에 정하는 일정한 기준에 적합하면 손금으로 인정받을 수 있는 경우가 있다.

이렇게 손금으로 인정받으면 그만큼 세금을 절감할 수 있게 되는데 이를 대손 처리라고 한다.

대손 처리할 수 있는 대손금의 범위는 세법에 규정되어 있으며 세법에 정해진 대손금의 범위에 있는 채권이라고 하더라도 회수 노력 근거와 무재산 증명 등 일정한 요건을 갖추어야 대손 처리(대손금)로 인정받을 수 있다.

대손 처리를 할 때는 우선 대손충당금과 상계 처리하고, 대손충당금이 부족한 경우에는 부족액을 대손 상각으로 처리한다.

이에 대한 회계 처리 방법을 예로 들면 다음과 같다.

대손 처리할 금액이 외상 매출금 50,000원인 경우

구분	회계 처리
대손충당금 잔액이 60,000원인 경우	(차) 대손충당금 50,000 (대) 외상 매출금 50,000
대손충당금 잔액이 30,000원인 경우	(차) 대손충당금 30,000 (대) 외상 매출금 50,000 대손 상각 20,000

세무 조정

기업 회계상의 이익을 기본으로 세법의 규정에 따라 과세소득을 계산하는 절차를 의미한다.

2 | 대손 처리가 가능한 채권

회수가 불능한 부실채권에 대하여 대손 처리를 하면 절세할 수 있음을 앞에서도 설명한 바 있다.

그런데 회수 불능 채권에 대하여는 기업의 판단에 의하여 임의로 정하는 것이 아니고 소득세법시행령과 법인세법시행령에 그 범위를 규정하여놓았다.

세법에 열거된 회수 불능 채권이라고 하여 모두 대손 처리가 인정되는 것이 아니라, 회수 노력을 하였는데도 회수가 불능하다는 것과 채무자(보증인 포함)의 무자력으로 회수가 불능이라는 것을 입증해야 대손 처리가 인정된다.

1) 대손금의 범위

법인세법시행령에 열거된 대손 처리가 가능한 회수할 수 없는 채권은 다음과 같다.

① 상법에 의하여 소멸시효가 완성된 외상 매출금 및 미수금

② 어음법에 의한 소멸시효가 완성된 어음

③ 수표법에 의한 소멸시효가 완성된 수표

④ 민법에 의한 소멸시효가 완성된 대여금 및 선급금

⑤ 채무자 회생 및 파산에 관한 법률에 따라 회생인가의 결정 또
는 법원의 면책 결정에 따라 회수 불능으로 확정된 채권. 서민
의 금융 생활 지원에 관한 법률에 따른 채무 조정을 받아 면책
으로 확정된 채권

⑥ 민사집행법의 규정에 의하여 채무자의 재산에 대한 경매가 취
소된 압류채권

⑦ 물품의 수출 또는 외국에서의 용역제공채권으로서 한국무역
보험공사로부터 회수 불능으로 확인된 채권

⑧ 채무자의 파산, 강제집행, 형의 집행, 사업의 폐지, 사망, 실종,
행방불명으로 인하여 회수할 수 없는 채권

⑨ 부도 발생일로부터 6개월 이상 지난 수표 또는 어음상의 채권
및 외상 매출금(중소기업의 외상 매출금으로서 부도 발생일 이전의 것에
한함). 다만, 당해 법인이 채무자의 재산에 대하여 저당권을 설
정하고 있는 경우를 제외한다.

⑨의 2 중소기업의 외상 매출금 및 미수금으로서 회수 기일이 2년 이 지난 외상 매출금 등. 다만, 특수관계인과의 거래로 인 하여 발생한 외상 매출금 등은 제외한다.

⑩ 재판상의 화해, 조정 등 확정판결과 같은 효력을 가지는 것에 따라 회수 불능으로 확정된 채권

⑪ 회수 기일을 6개월 이상 지난 채권 중 30만 원 이하의 채권(채 무자별 합계액 기준)

⑫ 금융기관의 채권 중 대손 처리 기준에 따라 금융기관이 금융 감독원장으로부터 대손금으로 승인을 받은 것과 금융감독원 장으로부터 대손 처리 요구를 받은 채권으로서 해당 금융기관 이 대손금으로 계상한 것

⑬ 중소기업 창업 투자 회사의 법인의 창업자에 대한 채권으로서 중소벤처기업부 장관이 기획재정부장관과 협의하여 정한 기 준에 해당한다고 인정한 것

2) 대손 처리를 위한 구비서류

대손금의 범위에 해당한다고 대손 처리 금액을 모두 손금(비용)으 로 인정받을 수 있는 것은 아니고, 채권자가 회수 노력을 하였음에 도 회수를 하지 못했다는 채권자의 회수 노력 근거와 채무자가 변

제 능력이 없어서 채권 회수를 못했다는 채무자의 무재산(무자력) 증명을 갖추어야 한다.

대손 처리를 인정받기 위해 갖추어야 할 회수 노력 근거와 채무자의 무재산 입증 서류는 아래와 같으며, 채권자는 가능한 그와 관련된 서류는 폐기하지 말고 모두 보관하는 것이 좋다.

❶ 회수 불능 채권임을 입증할 수 있는 서류

- 소멸시효 완성 증빙 서류
- 부도어음·수표 등

❷ 회수 노력 근거 서류

- 독촉장(내용증명 등)
- 가압류, 압류, 소 제기, 경매 신청 등 법적 조치한 증빙 서류
- 채무자 추적, 채무자와 면담·협상한 근거 서류 등

❸ 채무자의 무재산 증명

- 법인등기부등본(채무자가 법인일 경우)
- 본적지, 최종 주소지, 직전 주소지와 사업장 소재지를 관할하는 관서의 공적 장부에 등기·등록된 채무자 소유 재산이 없음을 증명할 수 있는 서류 또는 신용정보회사의 채무자 재산조사

보고서(채무자가 개인사업자인 경우)

- 본점 소재지와 사업장 소재지를 관할하는 관서의 공적 장부에 등기·등록된 소유 재산이 없음을 증명할 수 있는 서류 또는 신용정보회사의 채무자재산조사보고서(채무자가 법인사업자인 경우)
- 폐업 증명원
- 채무자 재산 탐문 조사 내용 등
- 기타 구비서류

  파산 : 파산선고결정문

  실종, 행방불명 : 실종선고결정문 등

  사망 : 사망증명서

  강제집행 : 강제집행불능조서

❹ 대표자의 결재를 받은 내부재산조사보고서

채무자의 무재산 증명 등 채무자 무자력을 입증할 수 있는 확인서 등을 첨부한 보고서

위의 구비서류 외에도 관련 서류는 가능한 한 많이 구비해놓는 것이 좋다.

3) 대손 처리 시기

대손 처리는 손금 산입 시기를 잘 지켜서 해야 한다. 제때 대손 처리를 하지 않으면 향후에 같은 사유로는 대손 처리가 안 되기 때문이다.

앞의 '1) 대손금의 범위' ①~⑥의 경우는 대손 사유가 발생한 날이 속한 사업 연도가 손금 산입 시기가 되며, 기타의 경우는 대손 사유가 발생하여 손금으로 계상한 날이 속하는 사업 연도가 손금 산입 시기가 된다.

3 | 대손 세액 공제

매출 부가가치세는 공급받는 자로부터 거래 징수하여 정부에 납부하게 되어 있다. 그런데 물품을 공급하고 물품 대금을 받지 못하는 때에 물품 대금뿐 아니라 매출 부가가치세도 못 받는 경우가 대부분이다.

이런 이유로 채무자의 파산, 부도 등으로 사실상 채무자로부터 받지 못한 매출 부가가치세액에 공제받을 수 있도록 해주는 것이 대손 세액 공제다.

1) 대손 세액 공제 사유와 구비서류

❶ 대손 세액 공제 사유

- 대손 처리의 대손금의 범위에 해당하는 경우
- 법원의 회생계획인가결정에 따라 출자 전환된 매출채권 장부

가액과 출자 지분(주식)의 시가와의 차액

❷ 구비서류

- 매출세금계산서 사본
- 회수 노력 및 채무자 무재산 구비서류 : 대손 처리의 구비서류
  와 같다.

2) 유효 기간 및 공제 금액

대손 세액 공제는 일정 기간 내에 발생한 경우에만 공제를 받을
수 있다. 대손 세액 공제 대상은 재화 또는 용역을 공급한 후 그 공
급일로부터 5년이 경과한 날이 속하는 부가가치세 과세기간의 확
정 신고 기간까지 대손 사유로 인하여 회수할 수 없는 것으로 확정
된 경우에 가능하다.

공제금액은 대손 금액(회수 불능 채권 금액)의 10/110이다. 회수 불
능 채권 110 중에 공급가액이 100이고 부가가치세액이 10이기 때
문이다.

대손 세액 공제 금액 = 대손 금액 × 110분의 10

중앙경제평론사 Joongang Economy Publishing Co.
중앙생활사 | 중앙에듀북스 Joongang Life Publishing Co./Joongang Edubooks Publishing Co.

중앙경제평론사는 오늘보다 나은 내일을 창조한다는 신념 아래 설립된 경제·경영서 전문 출판사로서 성공을 꿈꾸는 직장인, 경영인에게 전문지식과 자기계발의 지혜를 주는 책을 발간하고 있습니다.

초보자도 쉽게 배우는 **채권실무**

초판 1쇄 발행 | 2021년 11월 27일
초판 3쇄 발행 | 2024년 3월 15일

지은이 | 최흥식(HeungSik Choi)
펴낸이 | 최점옥(JeomOg Choi)
펴낸곳 | 중앙경제평론사(Joongang Economy Publishing Co.)

대　표 | 김용주
책임편집 | 한　홍
본문디자인 | 박근영

출력 | 삼신문화　종이 | 에이엔페이퍼　인쇄 | 삼신문화　제본 | 은정제책사

잘못된 책은 구입한 서점에서 교환해드립니다.
가격은 표지 뒷면에 있습니다.

ISBN 978-89-6054-285-3(03320)

등록 | 1991년 4월 10일 제2-1153호
주소 | ㉾ 04590 서울시 중구 다산로20길 5(신당4동 340-128) 중앙빌딩
전화 | (02)2253-4463(代)　팩스 | (02)2253-7988
홈페이지 | www.japub.co.kr　블로그 | http://blog.naver.com/japub
네이버 스마트스토어 | https://smartstore.naver.com/jaub　이메일 | japub@naver.com
♣ 중앙경제평론사는 중앙생활사·중앙에듀북스와 자매회사입니다.

도서
주문　www.**japub**.co.kr
전화주문 : 02) 2253 - 4463

https://smartstore.naver.com/jaub
네이버 스마트스토어

중앙경제평론사/중앙생활사/중앙에듀북스에서는 여러분의 소중한 원고를 기다리고 있습니다. 원고 투고는 이메일을 이용해주세요. 최선을 다해 독자들에게 사랑받는 양서로 만들어드리겠습니다. **이메일** | japub@naver.com